청소년 사전

부모와 아이는
서로 다른 언어를 쓴다

청소년 사전

조재연 지음

마음의숲

| 조재연 신부 |

1990년에 사제 서품을 받았다. 천주교 서울대교구 4개 성당의 보좌신부를 지낸 뒤 10여
년간 서울대교구 청소년 사목을 전담했다. 이후 가톨릭대학교에서 박사 학위를 취득했다.
1996년 발간한 월간지 〈청소년의 햇살〉에서 아이들의 고민을 들어주는 '고길동 신부'로
더 잘 알려진 조재연 신부는 청소년들과 상담편지를 주고 받으며 이들에게 진정 필요한
것은 '들어주는 사람'이라는 것을 알게 되었다. 또한 청소년의 아픔을 함께 나누고 그들
의 갈망에 귀를 기울이는 것과 더불어 1999년 개설한 〈학부모 상담전화〉를 통해 서로 사
랑하고 아끼지만 이해하지 못하는 부모와 자녀, 두 세대의 소통을 돕기 위해 노력해오고
있다.

현재는 〈햇살 청소년사목 센터(www.hatsal.or.kr)〉의 소장과 무악재성당의 주임신부를 맡
고 있으며 한국 천주교 주교회의(CBCK), 아시아 주교회의 연합회(FABC-OL)에서 청소년
사목위원으로 활동하고 있다.

저서로 《청소년 사목의 현실과 전망》이 있다.

이 책에 실린 상담 사례들은 고길동 상담실로 온 청소년과 학부모들의 편지로 구성되었으며, 상담편지의 공개에 대하여 윤리 신학자에게 조언을 구하였습니다.

상담편지는 아래와 같은 기준에 따라 공개되었습니다.

첫째, 개인의 인격을 침해하지 않으며, 개인을 모독하지 않고, 신뢰를 깨지 않는 범위에서 공개합니다.

둘째, 공개의 목적을 개인적인 정보 공개가 아닌, 객관적 상황을 드러내 인간의 보편적인 삶을 대변하는 데에 둡니다.

셋째, 상담 후 최소 5년 이상이 지난 편지를 공개합니다.

넷째, 구체적인 내용이나 중요한 부분을 발췌 및 각색하여 내담자가 드러나지 않도록 합니다.

이러한 조건에 맞추어 청소년의 속마음과 현실을 공개하는 것으로, 비슷한 어려움을 겪고 있는 같은 시기의 청소년을 이해하고 도움을 줄 수 있다면, 그것은 공동선을 증진시키는 일이 될 것이라는 윤리 신학자의 조언에 따라《청소년 사전》에서 사례들을 활용하였음을 밝힙니다.

1장. 가족
우리는
서로
참 닮았네요

2장. 학교
우리는 바람에
흔들리기도 하고
눕기도 하며
자라는 꽃입니다

4장. 마음
아프지 않고 자라는 마음은 없습니다

별이
쏟아지는 잔치에서

사랑하는 젊은이 여러분,
여러분을 생각할 때
나의 가슴은
한없이 벅차오릅니다.
저 높은 곳에서 쏟아져 내리는
별빛들의 찬란한 축제 한 가운데
와 있는 듯하기 때문입니다.

내게 더 없이 소중한
친구들이여,
나는 여러분의 젊은 가슴 안에서
그 크기와 광채가 아주 다양한
여러 별빛들을 볼 수 있습니다.
그 별들은
우정과 연대감의 별,
기쁨과 희망의 별,
일치와 나눔의 별,
창의력과 정의의 별입니다.
이는 바로 여러분이 가슴 깊이에서부터

세상을 향하여 외치고 있는
소중한 가치들이라고
나는 여기고 있습니다.

이름을 모르지만,
하나하나의 이름으로 부르고픈 친구들이여,
여러분은 집에서, 학교에서,
그리고 교회나 사회에서,
저녁의 어스름함과 밤의 칠흑을
이미 경험했으리라고 나는 생각합니다.
그래서 때때로
근심스러움에 싸였고,
걱정과 불안으로 거리를 방황했고,
또 극심한 갈등과 물음을 안은 채
잠 못 이루는 밤들을 보냈을 것입니다.
왜 가족들은 이다지 뿔뿔이 흩어져야 하는가?
왜 학교는 그토록 심한 전쟁터일까?
왜 사회는
우리의 마음을 무참히 짓밟는 것일까?

여러분 중에 특히
어린 나이에 벌써부터 삶의 고달픈 짐을
힘겹게 져야 했던 젊은이들에게
나는 더 각별한 애정으로 말하고 싶습니다.
사랑하는 친구여,
두려워 마세요, 힘을 내세요!
우리의 별빛은 까만 밤일수록
더욱 찬란해집니다.
막연하고 앞이 캄캄히 느껴지는 순간일수록
여러분의 가슴 속 깊이에서 비추이는 그 별빛을
찾으십시오.
그때는 무언가 소중한 일이 일어날 수도 있는
순간입니다.

내 눈에 넣어도 아프지 않을
사랑하는 친구들이여,
나는 이 별빛 찬란한 축제에서 영원히
여러분과 함께 즐기고 싶습니다.

1996. 1. 10
故 김수환 추기경
〈청소년의 햇살〉 창간 축사 중에서

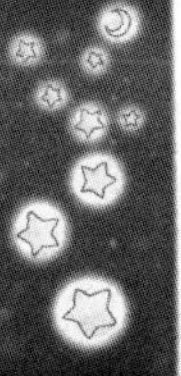

청소년

【명사】

〔국어사전〕청년과 소년을 아울러 이르는 말로, 법률적으로 9세 이상부터 24세 이하인 사람을 이름.

청소년 사전 사용법

"내 뱃속으로 낳은 아이인데 내가 왜 몰라요"

부모님들은 보통 자기 자식에 대해 잘 알고 있다고 생각합니다. 하지만 자녀를 키우다 보면 그것이 얼마나 큰 착각이었는지를 실감하게 되는 경우가 많습니다. 생각하고 기대했던 것과는 다른 모습이 자녀들의 성장 과정에서 드러나기 때문입니다. 그것은 아무리 학식이 높고, 현명한 사람이라도 마찬가지입니다. 자신의 아이에 대해서는 장님이 되거나 부모님 자신의 입장에만 사로잡혀 반쯤 감은 눈으로 바라보게 되는 경우가 많습니다.

가톨릭 사제인 제가 청소년의 마음을 읽을 수 있는 그 눈

을 가질 수 있게 해 준 것은 지난 20여 년 동안 전국의 청소
년들이 보내 온 1만여 통의 상담편지들이었습니다. 그 편지
는 수많은 청소년들이 '고길동 신부' 앞으로 보낸 편지들입
니다. '햇살 청소년사목 센터'에서 1996년부터 발행하고 있
는 월간쪽지 〈청소년의 햇살〉의 상담자인 '고길동 신부'는
잘 알려진 애니메이션 〈아기 공룡 둘리〉에 등장하는 고길
동 삼촌을 원작자인 김수정 선생님에게 허락을 받아 만들어
사용하고 있는 상담 캐릭터입니다. 제 주변에 있는 아이들
도 저를 신뢰했지만 속마음을 털어놓지는 않았습니다. 그
리고 마음 편하게 자신을 드러낼 수 있는 익명의 존재를 원
했습니다. 그래서 믿을 수 있지만 동시에 가상의 존재인 고
길동 신부라고 하는 캐릭터를 고안해 냈습니다.

이 고길동 신부에게 도착한 수많은 편지에는 청소년들의
감히 상상도 하지 못한 이야기들, 그들의 내면의 흐름과 고
통, 말 못할 어려움이 생생히 담겨 있었습니다. 이 편지들
은 제 가슴을 아프게 했고, 이들을 더 돕고 싶은 마음을 불
러 일으켰습니다. 그러면서 아이들의 부모님이 이 편지들
을 읽는다면 더 아이들의 마음을 이해하고, 도와주려 하고,
상처를 주지 않을 수도 있겠다는 생각이 들었습니다. 그래
서 부모님들에게 이 편지를 꼭 보여주고 싶었습니다. 그 편

지들에 드러나 있는 날것 그대로인 아이들의 고민과 감정, 분노, 상처들을 공개할 필요가 있다고 생각했습니다. 그래서 이 아이들의 마음을 읽고 도와줄 더 많은 어른들이 나타나기를 원하는 마음을《청소년 사전》으로 펼쳐 놓으려 합니다. 긴 터널을 통과하고 있는 아이들의 손을 잡고자 하는 어른들의 눈을 환히 밝혀줄 빛이 되어 주길 빕니다.

그러나 출판을 망설이게 한 고민이 하나 있었습니다. 용기를 내어 비밀을 털어놓고 마음을 나눠 준 친구들의 편지를 공개하는 것이 과연 옳을지에 대한 망설임이었습니다. 이 문제에 대하여 윤리 신학자의 조언을 구하였고, 돌아온 답은 '공동선에 대한 고려'였습니다. 개인의 이야기가 아니라 인간의 보편적인 고민을 담은 글이라는 관점에서 편지 글을 적절한 보호 장치와 함께 소개한다면 오히려 어려움에 처한 청소년과 부모님들에게 도움이 될 것이라는 판단이었습니다.

청소년들의 상담자인 '고길동 신부'가 이 책을 통해 더 많은 어른들과 청소년들에게 알려졌으면 좋겠습니다. 그래서 아무에게도 말할 수 없는 고민을 가지고 있는 친구들이 부디 도움을 받았으면 좋겠습니다. 학자들이 이야기하기를 상담편지 한 통 뒤에는 약 100명에서 200명의 아이들이 있

다고 합니다. 고길동 신부에게 편지를 쓸까 말까 망설이다
가 멈춘 아이들, 쓰다가 고민이 해결된 아이들, 다 써놓고
편지를 보내지 않는 아이들이 한 장의 편지 속에 숨어 있다
고 합니다. 제가 받았던 수많은 편지 뒤에는 얼마나 많은 청
소년들이 숨어 있었던 것일까요? 시기적으로 자신의 속마
음을 털어놓기 어려운 청소년기에 익명의 존재인 고길동 신
부는 가장 좋은 상담자이자 친구입니다. 제가 만났던 많은
청소년 친구들이 종종 말하곤 했습니다.

"〈아기 공룡 둘리〉에 나오는 그 나쁜 고길동이 회개해서
우리를 상담해 주는 신부님이 되었네요!"

이런 농담을 더 많은 아이들에게 듣게 되기를 바랍니다.

책을 출판하기 위해 〈청소년의 햇살〉에 담긴 상담편지
들을 다시 읽으며, 우정을 맺은 많은 분을 떠올립니다. 청
소년을 위한 지난 20여 년의 여정에 함께 해 준 수많은 젊
은 동반자들, 고길동 신부를 신뢰하고 자신의 고민과 아픔
을 들려준 청소년들, 〈청소년의 햇살〉을 읽으며 성장하여
어른이 된 친구들, 지금도 매일 상담전화를 받고 있는 협력
자 어머니들에게도 감사를 전합니다. 특별히, 〈햇살 청소
년사목 센터〉 초기에 온 마음과 열정을 쏟다가 백혈병으로
세상을 떠난 첫 번째 연구원 고(故) 남경애 데레사를 기억

합니다. 그리고 지금 제 곁에서 자신의 젊음을 의미 있는 일
에 헌신하고 있는 〈햇살 청소년사목 센터〉의 연구원들과 젊
은 봉사자들에게도 감사를 표합니다. 자기를 바치는 사람들
을 통해 결국 생명은 함께 나누어진다고 봅니다. 〈청소년의
햇살〉이 성장하여 청년기에 접어들 수 있었던 것은 이렇게
자기를 나누는 사람들과 함께 더불어 있었기 때문입니다. 끝
으로 출판을 기획하신 마음의숲과 권해진 팀장에게도 감사
의 뜻을 표하며, 이 책이 어둠 한가운데에 있는 사춘기 친구
들과 그 부모님들에게 한줌의 빛이 되기를 희망합니다.

2012년 2월 혜화동 〈햇살 청소년사목 센터〉에서

조재연 신부

1장

가족

우리는 서로 참 닮았네요

【명사】

혼인으로 맺어진 부부나, 혈연으로 맺어진 부모 자식 관계로 이루
어진 집단 혹은 그 구성원을 이름.

톨스토이가 이런 말을 했습니다. "모든 행복한 가족들은 서로서로 닮은 데가 많다. 그러나 모든 불행한 가족은 그 자신의 독특한 방법으로 불행하다." 어떤 가족은 경제적인 이유로 힘들고, 어떤 가족은 대화가 없어서 힘들고, 어떤 가족은 부모님이 이혼해서 힘들고, 또 어떤 가족은 서로 비교를 해서 힘들다고 합니다. 하지만 이 점도 함께 말하고 싶습니다. 제게 오는 편지 중에는 '우리 언니를 위해서 기도해 주세요.'라거나 '우리 엄마를 위해서 기도해 주세요.'라는 내용의 글이 있다는 것을요.

가족을 지탱하는 가장 기본적인 것은 사랑과 감사의 마음입니다. 아침에 챙겨 주는 밥, 따뜻한 국 한 그릇, 다른 식구의 미소, 어깨를 두드려 주는 손, 많지 않지만 지갑에 넣어 주는 용돈. 이 소소한 것들을 불평하는 마음으로 보면 속만 쓰리고 맛도 없는 밥과 국, 가식적인 미소, 신경 거슬리게 하는 건드림, 쥐꼬리만 한 용돈이 됩니다.

화목하고 그린 듯한 가정을 갖고 싶다면 먼저 감사하는 마음을 가져 보면 어떨까요?

안녕하세요, 신부님.

저는 엄마와 둘이서 살고 있습니다.

늘 조용한 우리 집. 하지만 몇 년 전까지는 그렇지 않았어요. 제가 중학교 입학할 때 아빠가 갑자기 쓰러지셨어요. 얼마 후에 돌아가셨죠. 집에서 살림만 하고 저랑 자주 이야기도 나누었던 엄마가 이제는 밖으로 일을 하러 나가세요. 아침에 얼굴 보기도 어렵고, 밤에도 늦게 들어오시죠. 집안일은 엄마가 하지만, 저도 도와 드려야 할 것 같아서 이것저것 해 보려고 해요. 그리고 주말이면 엄마도 저도 피곤해서 서로 말을 할 기운도 안 납니다.

가끔은 왁자지껄한 가정이 그립습니다. 아빠가 계실 때는 주말에 밖에 나가기도 하고 음식도 시켜 먹고 그랬는데. 이제는 그럴 여유도 없어요. 치킨이나 음식을 시켜 먹어도 예전 같은 맛이 아니네요. 늘 음식도 남고요.

며칠 전 별일 없이 텔레비전을 보다가 아무 생각 없이 엄마를 봤어요. 그런데 엄마가 갑자기 너무 쓸쓸하고 외로워 보이는 거예요.

제가 "엄마는 왜 살아?" 하고 물어봤어요.

그랬더니 "너 때문에 산다. 너 키우려고……." 하시며 갑자기 우시는 거예요.

엄마의 우시는 모습에 왠지 저도 모르게 눈물이 났습니다.

사는 이유가 저 때문이라고 울면서 말씀하시는 엄마의 삶에서 저는 깊은 사랑과 엄마의 외로움을 느낄 수 있었어요.

이제 엄마 곁에 제가 있으니 울지 말라고 말씀드렸어요.

신부님, 저희 엄마를 위해서 기도드려 주세요.

조급증

【명사】
〔국어사전〕 조급해하는 버릇이나 마음.
〔**청소년 사전**〕 자녀가 못 미덥다는 증거.

"원인은 어머니이십니다. 아이가 말을 시작할 때까지 여유를 갖고 기다려 주는 연습을 하십시오."

어렸을 적부터 아이가 말을 하려고 할 때면 어머니가 옆에서 "빨리! 빨리!"를 주문했던 것입니다. 생각하고 말로 표현하는 것이 서툰 유아에게 말입니다. 그때부터 이 아이는 하고 싶은 말은 있는데, 빨리 하려고 하다 보니 머릿속 정리가 안 되고, 그 때문에 말더듬 증상이 생겨난 것입니다.

느린 것이 아니라
제 속도대로
가고 있는 거예요

혹시 10대에는 시간이 시속 10킬로미터로 흐르고, 20대에는 20킬로미터, 30대에는 30킬로미터로 흐른다는 말을 들어 본 적 있습니까? 시간은 흐를수록 점점 더 가속도가 붙는 것이라고 합니다.

요즘 청소년들이 학교생활, 학원, 여가 활동 등으로 어지간한 어른들보다 훨씬 더 바쁘게 살고 있음을 보게 됩니다. 그렇게 바쁘게 사는 만큼 시간의 흐름도, 계절의 바뀜도 느껴볼 여유가 없을 정도로 정신없이 지내고 있지는 않은지 궁금해집니다.

'느림'에 대해 생각해 본 적이 있는지요? 느림에 대해서 떠올릴 때면, 대개 토끼와 거북이의 경주를 생각하게 되지요. 몸 빠른 토끼는 자신이 이길 것을 확신하며 거북이에게 달리기 경주를 제안하지만, 결국 쉼 없이 꾸준히 노력한 거북이가 승리하게 됩니다. 이 이야기로 사람들은 '속도'보다는 꾸준한 노력의 가치에 대해서 역설하지요.

하지만 부모님들의 마음은 그렇지가 못한 것이 현실입니다. 별다른 문제가 보이지 않아도 불안하고 마음이 힘들어서 상담을 신청하는 부모님들이 있습니다.

한 어머니는 고등학교에 들어간 아들이 갑자기 외모에 관심을 많이 가지고, 아침부터 거울을 들여다보고 머리 세팅을 하느라 정신이 없는 것이 무척 걱정스럽다고 했습니다. 그리고 학원을 마치고 집에 바로 오면 언제쯤 도착할 텐데, 매번 그보다 조금씩 늦어서 어머니를 심란하게 만든다는 것입니다. 피곤할 텐데 일찍 들어와 쉬었으면 싶고, 혹 늦은 밤이라 안 좋은 일을 당할까 걱정하는 엄마의 마음을 알아주지 않아 서운하다는 것이지요.

일요일이면 늦잠을 자고, 밖으로 나가서는 또 저녁 늦게야 귀가를 합니다. 아들은 "나처럼 착실한 학생이 어디 있다고 그래. 이 정도면 완전 성실하고 범생인데!"라고 큰소리를 칩니다. 하지만 학교와 학원을 열심히 다니기만 할 뿐,

평소에는 공부를 열심히 하지 않고 시험 때만 반짝 열심히 하니, 성적은 늘 그 자리에서 맴돌 따름이라고 걱정이 이만저만이 아니었습니다. 조금만 더 열심히 하면 더 나은 성적을 얻을 수 있고, 더 나은 미래를 가질 수 있는데……, 하는 안타까움에 어머니는 무척 초조해하고 있었습니다.

사실, 자녀가 있는 부모님이라면 누구나 조바심과 불안을 느낍니다. 아이가 생겼다는 이야기를 듣는 순간부터 부모님들의 마음은 초조와 불안으로 가득차는 경우가 다반사입니다. 서점에 나가 보면 유아의 발달단계에 관한 수많은 책들이 있고, 그 책을 펼치면 한결같이 1개월, 2개월, 3개월……. 개월 수에 맞추어서 발달해가는 과정을 도표로 그려 놓고 있습니다. 마치 그때가 되면 당연히 그렇게 되어야만 하고, 아니면 정상적인 발달 과정을 걷고 있지 않은 것처럼 보이기까지 하지요.

아이의 성장 과정에서 부모님들은 '우리 아이는 언제쯤 걸음마를 시작할까?', '우리 아이는 언제쯤 엄마, 아빠라는 말을 할까?', '우리 아이는 언제쯤 한글을 깨칠까?' 등등 수많은 조급증을 경험하게 됩니다. 그리고 그 조급증은 아이가 나이가 들어감에 따라 점점 더 심해집니다. 매 순간이 인생에서 중요한 시간이라는 것을 부모님들은 아주 잘 알고 있기 때문입니다.

불안하고 초조한 부모님들은 아이의 잘하는 것보다는 부족한 것들이 더 눈에 들어오는 법입니다. 그것만 더 잘하면 더 좋을 텐데, 하는 생각이 드는 것이지요.

고등학교 2학년인 아들을 둔 한 어머니의 고민은 어떻게 보면 다른 부모님들께는 이해가 되지 않을지도 모를 고민이었습니다. 하지만 이 어머니는 무척 절박했습니다. 고등학교 2학년이나 된 아들이 컴퓨터 게임을 너무 많이 해서 걱정이라는 것이었습니다. 게임을 좋아하지만 그렇다고 학업을 등한시하는 것도 아닙니다. 공부도 열심히 하고, 성적도 전교 1등, 학원도 잘 다니고, 집중력도 좋고, 예민하지만 논리적이라는 평을 듣는 아들입니다. 학교에서도 수업 태도며 교우 관계도 좋고, 리더십도 있다는 말을 들었습니다. 하지만 사교성이 떨어지는 것은 아닌가, 또 컴퓨터 게임을 저렇게 하다가는 성적이 떨어질 것 같다는 생각에 불안하다는 것입니다.

달리기 경주를 하다 보면 옆에서 뛰고 있는 사람을 보게 되기 마련입니다. 그러다 보면 자연히 더 열심히 더 빨리 뛰어야겠다는 생각이 들지요. 그리고 아이들에게 지금 그렇게 느긋하게 있을 때가 아니라는 것을 알려주고 싶어집니다. 그런데 부모님의 이러한 조급증은 부모의 조급함에서 끝나는 것이 아니라 점점 아이까지 급하게 만듭니다. 마치 그렇게 하지 못하면 바보가 되어 버리는 것 같은 기분마저 느껴지도록 말입니다.

말더듬증이 있던 한 친구의 이야기를 들은 적이 있습니다. 중학교 2학년이었던 남자아이였습니다. 그 아이는 말을 시작하는 것도 무척 힘들어했지만, 말을 할 때도 꼭 더듬으며 시작하는 버릇이 있었습니다. 이 아이를 그냥 내버려 둘 수 없었던 어머니는 어느 날 아이와 함께 병원에 가기로 합니다. 오랜 시간 상담이 이어졌습니다.

긴 상담 끝에 의사 선생님이 말합니다.

"원인은 어머니이십니다. 아이가 말을 시작할 때까지 여유를 갖고 기다려 주는 연습을 하십시오."

어렸을 적부터 아이가 말을 하려고 할 때면 어머니가 옆에서 "빨리! 빨리!"를 주문했던 것입니다. 생각하고 말로 표현하는 것이 서툰 유아에게 말입니다. 그때부터 이 아이는 하고 싶은 말은 있는데, 어머니의 재촉에 빨리 말을 하려고 하다 보니 머릿속 정리가 안 되고, 그 때문에 말더듬 증상이 생겨난 것입니다.

병원에 다녀온 어머니는 자신의 행동을 고치기로 마음먹

고 행동을 바꾸기 시작합니다.

"엄마에게 뭔가 말하고 싶은 게 있는 거야? 천천히 해도 돼. 엄마는 네가 말을 시작할 때까지 충분히 기다릴 준비가 되어 있단다."

말은 그렇게 했지만, 우리 아이가 뒤처질지도 모른다는 불안감에서 기인한 조급증이 있는 어머니에게 그렇게 말하고 또 행동하는 것이 쉬운 일은 아니었습니다. 그러나 어머니는 자신의 조급증 때문에 아이가 말더듬증이 생겼다는 것을 이제는 알기에 '천천히, 천천히'를 속으로 되뇌며 아이를 기다려 줄 수 있었습니다.

그렇게 한 지 몇 개월. 거짓말처럼 아이의 말더듬증은 사라지고, 아주 또박또박 자신의 의견을 잘 표현할 수 있게 되었습니다. 말만 또박또박하게 하는 것이 아니라 자신감도 같이 생겼지요.

저는 이 이야기를 들었을 때 또 한 번 기다림의 아름다움을 느꼈습니다. 걸음마를 하는 것도, 한글을 깨우치는 것도, 수를 세는 것도, 공부를 하고 친구를 사귀는 것도 개인에 따라 차이는 있을 수 있습니다. 조금 늦어진다고 해서, 조금 다르다고 해서 그것이 모자란 것이 아님을, 기다리다 보면 아이가 조금 더 알차게 자신을 만들고 있음을 알 수 있습니다.

아이들의 가장 가까이에 있는 사람들이 차분히 기다려 주면서, '널 믿는단다.', '천천히 하렴.' 하는 안심과 믿음을 줄 수 있다면 분명 그것을 우리는 볼 수 있을 것입니다.

독단적

【명사】

〔국어사전〕 다른 사람과 상의하지 않고 혼자서 판단하거나 결정함.
〔청소년 사전〕 아이들 생각은 꿈일 뿐이고 어른이 다 옳음.

"이제 고등학교 1학년이면 제 일은 다 알아서 할 수 있는데, 저희 엄마, 아빠는 절 아직도 어린애로 생각하시나 봐요. 정말 필요할 땐 관심도 없으시고, 서운하게 하시면서 말이에요. 부모님은 언제나 일방적이세요. 제가 어떤 공부를 하고, 어떤 사람이 될 건지는 제가 정하고 싶어요. 그런데 제가 그런 말씀을 드리면, 부모님은 이제 머리가 커서 대든대요."

미래는
제 거잖아요

학부모를 위한 상담 전화를 개설한 지도 10년이 흘렀습니다. 상담편지를 통해 청소년들의 이야기를 듣는 것만으로는 상황을 충분히 볼 수 없다는 것을 깨달았기 때문이지요. 상담 내용을 보면 원하는 것은 궁극적으로 같습니다만, 그 과정에서 걱정하고 불안해하는 것은 두 세대가 서로 많이 다릅니다. 부모님들은 주로 자녀들의 성적이나 탈선 문제로 고민한다면, 청소년들이 고민하는 것 중에는 '부모님의 독단적 결정'이 꽤 큰 비중을 차지하고 있습니다.

막 중학교 3학년이 된 진섭이 역시 그런 아이였습니다. 진섭이는 어렸을 때 몸이 약해서 수영을 했습니다. 꾸준히 열심히 하다 보니, 결과가 좋게 나왔고, 큰 대회에 나가 상을 받기도 했다고 합니다. 그와 별도로 진섭이는 미술과 함께할 수 있는 미래를 꿈꾸었습니다. 미술 역사를 공부하여 사람들에게 알려 주거나, 미술로 심리치료를 하고 싶어 합니다. 그런데 진섭이의 어머니는 진섭이에게 수영을 계속하라고 합니다. 진섭이가 이유를 묻자, 어머니는 그게 쉽게 대학을 갈 수 있고, 안정적이기 때문이라고 합니다. 그리고 진섭이의 꿈이나 미래 계획은 들으려고도 하지 않습니다.

"어떤 길이든 쉽게 갈 수 있는 길은 없다고 생각해요. 그리고 무엇보다 좋아하는 걸 해야 하는 것 아닌가요? 어떻게 하면 엄마랑 이 이야기를 편하게 할 수 있을까요?"

진섭이와 같은 고민을 가지지 않은 아이들의 수를 찾는 게 오히려 빠를지도 모르겠습니다. 우리 사회는 어른들 말을 따르는 것을 미덕으로 생각합니다. 어른들은 "어른 말을 들으면 자다가도 떡이 생긴댔어!"같은 말을 하기도 합니다. 그리고 대개는 어른 말을 들으면 손해를 보는 일이 잘 없기는 하지요. 그렇기 때문에 아이들도 어른들에게 자주 조언을 구하고요. 하지만 아이들 역시 자신의 미래이기 때문에 그것에 대해서 심각하게 생각해 보고 의견을 개진하고 싶어 합니다. 이럴 때 부모님께 필요한 것은 명령이 아닌 '의논'

일 것입니다.

　중학교를 졸업하게 될 아랑이는 부모님의 '명령' 때문에 무척 마음이 힘듭니다. 청천벽력 같은 소식이 떨어졌기 때문입니다. 같은 중학교를 졸업한 친구들과 같은 고등학교를 갈 거라 생각하고 있었는데, 어머니는 다른 계획을 가지고 있었던 겁니다. 아랑이가 사는 동네에 있는 고등학교가 진학률이 별로 좋지 않고, 공부를 열심히 안 시킨다는 소문이 있었던 것이지요.

　"가만히 있을 우리 엄마가 아니지요. 어느 날 '주소 옮겨 놨으니까 걱정 말아라. 내가 너를 그 학교에 보내놓고는 못 살지.'라고 하시면서, 대학 많이 보내기로 유명한 다른 학교에 가게 될 것이라고 하셨어요. 거긴 우리 동네에서 한참 멀리 떨어져 있는 학교거든요. 우리 엄마 정말 극성스러우신 것 같아요. 어떻게 해서든지 엄마가 원하는 고등학교로 보낼 거라고 하세요."

　어머니가 저렇게 이야기를 하기 전까지, 아랑이도 내심 진학할 고등학교를 가지고 고민을 하고 있었습니다. 친구들과 같이 동네의 학교를 가자니 공부는 안 하고 어울려 놀다가 나중에 고생을 하면 어쩌나 하는 것이지요. 아랑이도 공부를 열심히 해서 좋은 대학교에 가고 싶은 나름의 욕심이 있었거든요. 하지만 또 초등학교 때부터 사이좋게 학교를 다녔던 친구들과 헤어져서 낯선 곳에 가게 되면 마음도 힘들고 친구도 새로 사귀어야 할 테니, 그것도 힘들 것 같다는 생각이 들었습니다. 그래서 이 둘을 가지고 고민을 하고 있는데 어머니는 결론을 이미 내려 놓고 무조건 따르라고 하는 것이지요.

"정말 슬퍼요. 제 이야기는 듣지도 않으시고 엄마 뜻대로 일들이 이렇게 결정되는 거라……. 어떻게 해야 할까요? 고등학교 갈 생각에 기대되고 설레기만 했는데, 이렇게 큰 걱정거리를 만들어 줄 것이라고는 생각도 못 했어요."

사실 아이들도 부모님들처럼 따질 것은 따지고 고민할 것은 고민하는 경우가 많습니다. 고민을 하고 있는 와중에서 부모님이 일방적으로 밀어붙이면, 그 방향으로 가지 않고 버티거나 반대 방향으로 가는 경우가 왕왕 있습니다.

이런 중요한 결정을 할 상황에서는 청소년들의 의사를 반영하는 것이 훗날 아이들에게 더 큰 도움이 될 것입니다. 청소년기의 아이들은 자기중심적인 특징이 있습니다. 인생 경험이 적은 청소년들은 시야가 좁은 경우가 많고, 때문에 중요한 일을 결정할 때에 현재의 것만 따지는 경향이 있습니다. 어른의 입장에서는 안타까운 마음에 가장 좋은 것을 선택해 제시하려 하지요. 하지만 자발적인 선택의 기회를 빼앗고 무조건 결정된 사항을 내려주는 것은 장기적으로 봤을 때 위험할 수 있습니다. 결국 아이들은 선택하는 능력을 배울 수 없어 스스로 무엇도 선택할 수 없는 어른으로 자랄 수 있게 되기 때문입니다.

아이들이 정말로 답답해하고 힘들어하는 것은 부모님이 틀렸기 때문이 아니라 강요하는 것처럼 보이기 때문이지요.

"제가 정말로 잘하는 게 뭔지, 뭘 원하는지, 하고 싶은 게 뭔지 묻지도 않으세요."

아이들에게서 자주 듣는 말입니다. 자기의 의견을 이야기 하려고 할 때면 부모님은 오히려 대든다고 혼을 내고, 어른 말을 들어라, 라고 하니 답답할 수밖에 없을 것입니다.

하지만 한편으로 생각하면 부모님들도 무척 많이 애쓰고 있을 것입니다. 소중한 아이의 미래를 허투로, 혹은 단순히 당신 욕심들로만 정하는 분들은 많지 않지요. 무엇이 좀 더 도움이 될까, 무엇이 좀 더 우리 아이의 미래를 윤택하게 해 줄까를 고심해 한 말일 것입니다. 게다가 '난 부모님의 의견과는 달라요.'라는 자녀의 말에 어쩌면 상처도 받고 많이 서운했을 수도 있습니다. '이렇게 널 위해 많이 노력하고 있는데……' 하는 마음이 들었을 것이고, 그런 것을 알아주지 않으니 화가 날 수도 있습니다.

이렇게 양쪽의 의견이 다를 경우, 부모님과 아이들은 서로에게 조금씩 상처를 준 상태에서 아이는 부모님을 일방적이라고 서운해하고, 부모님은 부모님대로 아이가 부모님의 마음을 알아주지 않는다고 생각하게 되어, 서로 오해가 쌓이게 되지요.

저는 부모님들이 아이들에게 다른 방법으로 다가가 보았으면 합니다. 어른의 경험으로 찾아낸 좋은 선택이 될 만한 것들 몇 가지를 아이에게 제시하고, 그 안에서 아이가 선택할 수 있도록 하는 것입니다. 그렇다면 아마도 대화의 방향은 "이렇게 해라.", "싫어요!"가 아니라 "함께 알아보자. 이건 어떻겠니?", "도와주세요. 생각해 볼게요."가 되겠지요.

부모님이 알고 있는 것만이 진리일 수 없고, 청소년들이 생각하는 것만이 자신에게 딱 맞는 길일 수 없습니다. 혼자 고민하고 결정하는 것보다는 나누어서 고민하고 의논하면 부담도 훨씬 덜해진답니다. 콜로새서를 보면 이런 말이 있습니다.

"아버지 여러분, 자녀들을 들볶지 마십시오. 그러다가 그들의 기를 꺾고 맙니다."

아이들을 인격적으로 대하고, 그들의 의기를 꺾지 않아야

　청소년 사전 | 가족

아이들 역시 자유롭게 부모를 존중하는 법을 배울 수 있을 것입니다. 그리고 그런 상태에서 부모님과 아이들이 함께 이야기하며 나누어 보시기 바랍니다. 이야기하지 않는다면 세상 누구라도 그 마음과 의도를 알아 줄 수 없습니다.

비교

【명사】
〔국어사전〕 둘 이상의 사물을 견주어서 유사점과 차이점 등을 고찰하는 일.
〔청소년 사전〕 청소년의 기를 죽이고 싶을 때 하는 일.

"저는 고등학교 2학년이에요. 요즘 정말 고민이 많아요. 무슨 대학에 어떤 과를 가고, 또 나중에 뭐가 될지 고민하고 있는데요. 자꾸 엄마는 저에게 뭐가 될 거냐며, 다른 애들과 비교하면서 닦달하세요. 그래서 하고 싶은 게 있어도 상의를 못 하겠어요. 유치원 친구들 모임에 나가면 비교하는 게 더 심해지세요. 아, 이렇게 매번 비교당하는 거 정말 싫어요."

"옆집보다 왜 돈이 없어?" 라고 안 하잖아요

부모님들이 모이는 자리에서 자녀들 이야기는 빠질 수 없는 주제입니다. 그러한 자리에서 어떤 부모든 당신 자녀의 더 좋고 훌륭한 점을 이야기하고 싶어 할 것입니다. 하지만 그런 이야기를 하다 보면 어쩔 수 없이 친구나 이웃 아이에 대한 이야기를 듣게 됩니다. 그리고 돌아와서 자녀들에게 그 이야기를 하는 것이지요. '엄친아'라는 말은 여기에서 나온 것입니다. 비교를 하거나 자녀에게 스트레스를 주고 속상하게 하려는 의도가 없다 하더라도 부모님의 이야기에 아이들은 상처를 받게 됩니다.

가정 밖의 사람과 비교하는 것이 일상적으로 일어나는 일이라면, 가정 내 구성원들과의 비교 역시 흔하게 일어나는 일입니다. 고등학교 1학년생인 신혜는 오빠와 암묵적으로 비교하여 기대하는 부모님 때문에 고민하고 있었습니다.

신혜의 오빠는 한국에서 제일 좋다는 대학교, 원하는 학과에 입학했습니다. 오빠가 잘 된 것에 신혜는 기쁜 한편으로 걱정이 됩니다.

"공부를 엄청 잘 하는 오빠가 있을 때, 같이 살고 있는 제 심정이 어떨지 상상되시나요?"

신혜의 이 말이 가슴에 푹 꽂혔습니다. 공부 잘하고 승승 장구하는 가족이 있으면 든든할 것 같다는 것이 대개의 생각입니다. 하지만 늘 오빠의 성적 이야기와 공부 이야기만 하는 가족 속에서 신혜는 외톨이가 된 기분이었다고 합니다. 게다가 공부를 해도 성적은 그대로인데, 부모님은 당연히 오빠만큼은 할 수 있을 거라고 생각하고 있어, 혹시 자신은 바보가 아닌가 싶기도 하고, 때로는 자신의 존재 자체가 쓸모없이 여겨져 우울하다고 했습니다.

비교로 인해 상처를 받는 아이들은 대개 부모님께 자랑스러운 자식이고자 하는 욕심이 있습니다. 사랑받고 싶고 자랑스러운 존재가 되고 싶은 아이들이지요. 하지만 사랑을 주는 것과 달리 사랑을 받는 것은 스스로 조절한다고 하여 받을 수 있는 것은 아닙니다. 부모님들이 공평하게 관심을 가지고 사랑을 주어야 하겠지만, 불행하게도 그렇게 되지 않을 때도 있습니다.

"깨물어 안 아픈 손가락 없다."라는 옛말이 있지요. 깨물었을 때 안 아픈 손가락은 없습니다만 봤을 때 길고 짧은 손가락은 있는 것 역시 사실입니다. 아이를 여럿 키우다 보면 어떤 아이에게는 신경이 더 쓰이고, 어떤 아이에게는 신경이 덜 가게 되는 것이 현실이기도 합니다. 사랑이 물이고 아이가 그릇이라면 똑같이 계량하여 나눌 수 있으련만, 아이들의 나이가 다르고 성격이 다르고 바라는 것도 잘하는 것도 다른 탓에 쏟을 수 있는 사랑 역시 제각각이 되기도 합니다.

세 아이를 키우는 한 어머니를 만난 적이 있습니다. 원래 지방에 살고 있었지만, 특출하게 공부를 잘 하는 큰아이에 맞추어 어머니와 나머지 형제들은 서울로 올라오고, 아버지만 지방에 남게 되었습니다.

그 이후로 3년을 어머니는 큰아이에 맞추어 생활했습니다. 막내는 아직 많이 어리고, 둘째는 어렸을 때부터 제 할 일은 잘 하던 아이라 그저 믿고 있었습니다. 아버지가 있는 지방에 갔다가 예정보다 일찍 집에 돌아온 어느 날, 둘째 아이가 집에 없는 것을 알게 되었습니다. 어머니에게 말도 없이 외박을 한 것이지요. 아이는 친구네 집에서 자고 왔다고 아무렇지도 않게 말하곤 제 방으로 쑥 들어갔습니다. 그제야 어머니는 아차! 하고 둘째에 관심을 쏟기 시작했습니다. 학교에 물어보니, 둘째의 심리검사에서 '피해의식이 무척 높다'는 결과가 나왔다는 말까지 들었습니다. 어머니는 미안한 마음에 어떻게든 다가가려 애를 썼습니다. 하지만 아이가 마음을 열지 않는데다 어머니 역시 둘째에 대해 아는 것이 많지 않아 그마저도 무척 힘들다고 했습니다. 이제 이 어머니와 둘째 아이는 무척 힘겨운 길을 가게 될지도 모릅니다. 하지만 가능성과 희망은 있습니다. 이 어머니는 첫째에만 신경을 써왔다는 것을 인정하고 있으니까요.

대부분의 부모님들이 장남이나 장녀 같은 첫째 아이에게 많은 시간과 노력을 투자합니다. 우리 주변의 사례를 보더라도 첫째인 아이가 성공한 경우가 많습니다. 이것은 부모가 아이와 얼마나 많은 시간을 보냈는가, 얼마나 정성을 쏟았는가에 따른 결과라고 볼 수 있습니다. 저는 두 명 이상의 자녀를 두고 있는 부모님들이 첫째 아이에 비해 둘째 아이에게 얼마나 많은 사랑과 시간을 쏟았는지를 스스로에게 물어보았으면 합니다.

많은 청소년들이 형제자매로부터 열등감을 가지고 있다

고 합니다. 이처럼 열등감에 시달리는 아이들에게 부모님이 할 수 있는 역할을 사실 특별한 것이 아닙니다. 그저 사랑을 표현하는 것입니다. 엄마 혹은 아빠가 자신을 특별히 아끼고 사랑한다는 것을 아이가 알게 하는 것이지요. 아이와 '현존해 주는 것', 이것이 아이를 살리는 최선의 길이라고 생각합니다. 무언가를 주거나, 하는 것이 아니라 시간을 함께 보내는 것 말이지요.

성 요한 보스코는 이런 말을 했습니다.

"자녀를 사랑하는 것만으로는 부족합니다. 자녀들이 사랑받고 있다는 것을 느끼게 해 주십시오."

비교는 자존감을 떨어뜨립니다. 비교가 사춘기에 위험하게 작용할 수 있는 이유가 바로 이 때문입니다. 또한 비교는 분노를 일으킵니다. 누군가와 비교하는 이야기를 들으면 아이는 감정이 상한 채로 그 말을 받아들이게 됩니다. 부모님은 아이의 공부나 태도를 변화시키기 위해 비교를 한 것이겠지만, 정작 아이는 부모님이 하려는 이야기의 핵심보다는 비교 대상자에 대한 분노만을 크게 느끼게 됩니다. 그 감정에 마음의 초점이 맞춰져 있기 때문에 부모님이 원하는 행동의 변화는 쉽게 일어나지 않는 경우가 많습니다.

때문에 아이의 약점을 고치고 싶고 행동 자체를 교정하

고 싶을 때에는 비교가 아닌 다른 방식을 선택하는 것이 좋습니다. 스스로 자기 행동에 대하여 성찰할 수 있도록 도와주거나 공부에 집중할 수 있도록 실질적인 지원을 하는 것처럼 말입니다. 잔소리만으로는 부모님들이 원하는 효과를 얻기는 어려울 것이기 때문입니다.

저는 비교 때문에 마음 아파하는 아이들에게 이렇게 이야기하고 싶습니다. 자기 안에서 스스로 자신의 소중함을 찾았으면 좋겠다고요. 꼭 뭔가 대단한 것을 이룬다고 하여 자신의 가치가 달라지는 것은 아닙니다. 자신의 소중함을 자신이 하는 일의 성과와 연관지어 생각하기 쉽지만, 사람은 그 자체로 소중한 것입니다.

모든 사람들은 자신 고유의 달란트를 가지고 있습니다. 달란트란, 각자가 가진 다양한 재능을 의미합니다. 학생이기 때문에 공부가 모든 관심의 초점이 되는 경우가 많지만, 달란트는 공부 외에도 여러 가지가 있을 수 있습니다. 운동선수에게는 운동 실력이, 소설가에게는 글 쓰는 능력이, 농부에게는 농작물을 키우는 능력이 달란트입니다.

자신의 달란트를 찾아가다 보면, 자신감을 얻을 수 있을 것입니다. 예를 들어 말을 다른 사람보다 잘할 수도 있고, 꾸미기를 잘할 수도, 노래를 잘할 수도 있습니다. 자신의 달란트가 무엇인지 발견하는 것은 꼭 필요하면서도 재미있기도 한 과정이 될 것입니다. 달란트를 찾게 되면, 공부 또한 단순히 부모님을 기쁘게 하기 위한 수단이 아닌 자신의 꿈을 이루기 위한 수단이 될 수 있습니다.

또한 부모님의 비교에 힘들어하기만 하지 말고 그 솔직한 심정을 부모님에게 이야기하고 서로의 감정과 의도를 알아보았으면 합니다. '비교하지 마세요.'가 아니라 외로움을 느끼고 있다거나 사랑받지 못하는 것 같다는 자신의 기분을 표현하는 것이지요. 부모님들은 의식하지 못하고 있을 수 있습니다. 어떤 행동과 말에서 그런 감정을 갖는지를 서로 알고 있으면 도움이 되겠지요.

부모님이 한 비교 때문에 계속 괴롭다면, 비교당했던 말만이 아니라, 이제까지 들었던 칭찬이나 감사의 말을 떠올려 보는 것도 좋을 것입니다. 부모님이 비교를 한다 하더라도, 그것은 기본적으로는 자신의 자녀들이 잘 되었으면 하는 마음, 사랑하는 마음에서 비롯된 것이라는 점을 잊지 말았으면 합니다. 또한 이런 고민이 모두 청소년들 스스로를 성장시키는 밑거름이 된다는 것도요. 친구나 가족은 그들대로, 또 자신은 자신대로 모두 소중한 존재들입니다.

돈

【명사】

〔국어사전〕 사물의 가치를 나타내는 도구로, 상품을 교환하거나 재산 축적의 대상으로 사용하는 물건.

〔청소년 사전〕 청소년의 생활에 필요한 재화나 용역을 생산, 분배, 소비하려 하면 반드시 존재하지 않는 물건.

"해야 할 것도 많은데 항상 돈은 너무 적어요. 얼마나 제가 돈 쓸 일이 많은지 엄마는 잘 모르세요. 진짜 한 마디로 짜증나요. 계절 바뀌면 옷 사야지, 이것저것 장만할 것도 많지, 학교 끝나고 애들이랑 어디만 좀 간다고 해도 돈이 엄청 드는데요."

우리 집은
왜 가난할까요?

10대 청소년 신용불량자가 존재한다는 것을 아는 사람이 있을지 모르겠습니다. 과거 18세 이상이면 소득이 없어도 신용카드 발급이 가능했던 시절부터 발생하기 시작한 청소년 신용불량자는 이제 700만 명에 가깝다고 합니다. 스마트폰이 도입되면서 그 사용이용료 때문에 청소년 신용불량자 수가 부쩍 늘었다는 기사도 보았습니다. 신용 불량자가 된 이 아이들은 성인이 되기도 전에 빚에 쫓기는 경험부터 하게 되는 셈입니다. 그만큼 청소년들에게 용돈 관리나 적당한 지출 등 신용관리에 대한 교육의 필요성이 높아졌습니다.

돈이라는 것은 반드시 필요하지만 동시에 사람을 헤어 나오기 어려운 구덩이에 밀어 넣기도 합니다. 많은 부모님들이 아이들에게 경제관념을 어떻게든 심어 주려고 하지만, 새벽에 나가 밤에 들어오는 청소년들에게 그럴 시간은 충분치 않지요. 하지만 제게 편지를 보내 준 선하는 아주 값진 경험을 하게 되었습니다.

선하는 얼마 전까지는 돈의 소중함을 잘 몰랐습니다. 시험이 끝난 어느 날, 선하는 평소처럼 시험기간 동안 쌓였던 스트레스도 풀 겸 친구와 쇼핑을 하러 갔습니다. 예쁜 것들로 가득한 그곳에서 선하는 학용품이며, 옷, 신발 등 예쁘다고 생각하는 것은 아무 생각 없이 구입했습니다. 같이 간 친구의 "이거 정말 예쁘다."는 말에 더욱 신이 났습니다. 그렇게 잔뜩 예쁜 것들을 사 들고 집에 와서 엄마에게 꺼내어 자랑을 했습니다. 그런데 친구와 달리 어머니의 반응은 무척 냉담합니다.

"너는 돈이 어디서 썩어나니? 어디서 그런 쓸데 없는 것들만 잔뜩 사와!"

어머니의 그 말에 선하는 즐겁던 기분이 금세 식어 방구석에 쇼핑백 그대로 던져 놓았습니다. 며칠 뒤, 방 청소를 하다가 선하는 책상 서랍을 열어 보게 되었습니다. 그곳에서 '언젠가는 필요할 거야.'라며 사 모았던 필기구며 노트, 팬시

제품들이 포장 그대로 들어 있었습니다. 그런 것들이 서랍 한 가득이었습니다.

그리고 얼마 후 선하의 어머니는 "엄마가 노력해서 번 돈을 쉽게 낭비하며 쓸 수 없다는 걸 깨달아야 해."라며 아는 식당에 아르바이트로 선하를 보냈습니다.

식당에 가서 이리 뛰고 저리 뛰고, 상 닦고 물 갖다 주고, 걸레와 행주를 빨아서 깨끗이 싹싹 청소한 지 한 시간, 그 시간의 대가는 5천 원이었습니다. 선하는 그렇게 일주일 동안 총 8만 원을 벌 수 있었습니다. 처음에는 짜증스러웠지만 땀 흘려 받은 일당에 감동하게 되었고, 아르바이트를 마칠 때쯤에는 손님들한테도 깍듯이 인사하게 되었습니다. 힘들었지만 한편으로는 즐거웠지요.

처음에는 낭비하는 소비습관을 고치기 위해 한 아르바이트가 단순히 '돈'만의 문제가 아니라 그보다 더 중요한 가치에 대해서 생각할 수 있는 시간을 주었습니다. 선하가 생각한 것은 일의 가치, 돈의 의미, 그리고 어떻게 돈을 벌고 어떻게 일을 하는 것이 궁극적인 인생의 행복에 닿을 수 있는 것인가 하는 것이었습니다.

"제가 가장 좋아하면서도 가장 소중하게 생각하는 가치에 맞는 일을 찾아야겠다는 생각이 들었습니다. 진정으로

원한 일을 하게 되면, 혹시나 그게 돈을 많이 벌지 못하고, 육체적으로 고달프다 할지라도 궁극적으로는 정말 행복할 것 같습니다.”

미나 역시 필요한 물건을 사는 것에 대해서 어머니와 의견 차이로 화가 많이 났습니다.

돈을 쓸 데는 많은데, 어머니는 용돈을 쉽게 주지 않으니 미나는 너무나 답답하지요.

한번은 수련회에 갈 일이 있었는데, 가방이 없어서 사야겠다고 했습니다. 그랬더니 어머니는 왜 가방이 없냐며 새 가방을 사 주기는커녕 오히려 미나를 나무랐습니다. 하지만 미나가 원하는 것은 달랐습니다.

“내가 원하는 크기의 수련회 가방이 있어야 하는데 그게 없다고!”

그냥 조금 큰소리로 투덜거렸을 뿐인데 어머니는 그 소리에 미나를 더욱 크게 혼냈습니다. 그것 때문에 속이 상해서 미나는 저녁 내내 울었습니다. 해야 할 것도 많은데 항상 돈은 너무 적습니다. 얼마나 돈 쓸 일이 많은지 부모님은 정말 잘 모릅니다. 진짜 한 마디로 갑갑하지요.

계절이 바뀌면 옷 사야지, 아이들이랑 이것저것 장만할 것도 많지, 학교 마치고 뭐만 하려고 해도 돈이 듭니다. 떡

볶이만 먹어도 돈이 들고, 학용품만 사도 돈이 들지요. 하고 싶은 건 많고 용돈은 적고. 하지만 부모님은 절대로 더 안 주지요. 그저 아껴 쓰라고만 합니다. 책값에서 좀 남기고 학원비 받을 때 좀 남기고 이렇게 속일 수 있는 것도 한계가 있습니다.

'잘사는 집 애들은 용돈도 많이 받는데······.'

그런 생각을 하면 미나는 너무 속상하기만 합니다.

미나와 비슷한 고민을 하는 청소년들이 참 많이 있습니다. 더 많은 돈을 내야 더 좋은 것을 얻을 수 있기 때문에 더 좋은 것을 가지기 위해서는 돈 걱정을 항상 하게 되는 것 같습니다. 이런 고민은 나이와 상관없이 많은 사람들이 가진 일상적인 고민일 것입니다. 이런 답답함에서 벗어나려면, 어떻게 해야 할까요? 참 어려운 질문입니다.

저는 여기서 한 가지를 묻고 싶습니다. 돈 때문에 갈등이 생기는 이유 중 하나가 혹시 부모님이 아이들과 충분한 대화를 나누지 않고 그저 자신의 상황을 알아주기만을 바라기 때문은 아닐까요?

많은 아이들이 '엄마는 생선머리, 식빵 테두리, 사과꼭지만 좋아한다.'고 알고 지내던 시절이 있었습니다. 아이들이 돈 걱정을 하지 않았으면 하는 마음에 숨기려다 보니 일어

난 일이겠지요. 하지만 부모님이 말을 하지 않으면 아이들
은 결코 알지 못합니다. 지금도 아마 '엄마가 좋아하는' 것
만 바뀌었을 뿐, 상황은 그다지 달라지지 않았을 것입니다.
그만큼 아이들은 부모님이 말하지 않는 것을 알기 어렵다는
뜻이겠지요.

아이들에게 부모님이 이런 돈을 벌기 위해 얼마나 고생하
고 있는지, 평소 경제적인 것으로 얼마나 걱정하고 있는지
를 나누어 보면 어떨까요?

부모님 역시 좋아하는 것이나 비싼 것을 사고 싶은 욕구
가 있지만 그렇게 하지 못하는 이유를 아이에게 말해 본 적
은 없을 것입니다. 부모님의 경제 개념을 아이에게 전달하
기 위해 얼마나 노력했는지 부모님 스스로 물어볼 때인 것
같습니다. 경제와 돈에 대한 바른 나눔이 있을 때, 비로소
아이들에게도 경제개념이 생길 것입니다.

또한, 궁극적으로는 돈에 대한 우리의 자세에 대하여 생
각해 보는 것도 좋을 것입니다. 돈이라는 존재에 얽매이게
되면 아무리 부자라 할지라도 늘 허기가 지고 가난하다고
느낄 수밖에 없습니다. 때문에 오히려 돈에 휘둘리지 않는
마음이 필요할 것 같다는 생각이 듭니다. 돈에 앞서 스스로
를 먼저 생각하는 것이지요. 돈을 주고 더 좋은 것을 사야만

스스로가 빛날 수 있다고 생각하기보다는 자신 자체로도 충분하다는 생각을 가져 보는 것입니다. 돈을 들여야 더 좋고 더 재미있는 것을 누릴 수 있다는 압박에서 벗어나면, 돈에서 해방되는 것을 느낄 수 있을 것입니다. 그리고 결국 이는 우리를 더 행복하게 만들 것입니다.

욕심

【명사】
〔국어사전〕 분수에 넘치게 무엇을 탐내며 누리고자 하는 마음.
〔**청소년 사전**〕 부모님이 탐내며 누리고자 하는 것을 청소년에게 투영하는 마음.

"어떤 길이든 쉽게 갈 수 있는 건 없다고 생각해요. 그리고 무엇보다 좋아하는
걸 해야 하는 것 아닌가요? 어떻게 하면 엄마랑 이 이야기를 편하게 할 수 있
을까요?"

부모님에게
'좋은 것'이 아니라
제게 '좋은 것'을 찾을래요

여섯 살 때 지능지수가 110이 넘었던 아이가 초등학교 4학년이 되어서 75로 현저하게 떨어져 사회적인 인지능력에 매우 심각한 어려움을 느끼고 있다는 사례를 보았습니다. 어렸을 적 총명했던 그 아이가 그렇게 변하게 된 원인을 전문가들은 아이의 두뇌가 인지할 수 있는 정보의 양보다 훨씬 더 많은 정보를 강제적으로 받아들이게 함으로 인해 발생한 '두뇌 기능의 과부화 현상' 때문이라고 했습니다.

입시 스트레스가 비단 중고등학생들만의 전유물이 아님을 인식하게 된 것은 어제 오늘의 일이 아닙니다. 초등학교에 입학하기 전부터 한글, 영어, 수학, 한자 등 수많은 학습지들과 씨름해야 하고, 초등학생 아이들이 밖에서 뛰놀 시간은 잃어버린 채 학원만 여기저기 돌아다니다가 밤하늘의 별을 보며 집으로 돌아오는 일을 어렵지 않게 보게 됩니다.

고등학교 1학년인 민혜 역시 비슷한 경우였습니다. 자기 할 일도 제법 잘 하는 민혜는 앞으로의 진로에 대해서 생각해 둔 바가 이미 있습니다. 공부를 열심히 해서 남을 돕는 일에 대해 좀 더 전문적으로 배워서 나중에는 그 일을 하며 살아가고 싶다고 생각합니다. 하지만 부모님들은 민혜가 공부도 잘하고 성격도 야무져서 '판검사'나 '의사'가 어울린다면서, 그 일을 목표로 공부하라고 합니다. 민혜는 그런 부모님이 답답하기만 하지요. 남들을 돕는 일을 하고 싶다는 민혜의 말은 들을 생각도 않고, "다 너를 위해서 하는 말이니까, 들어."라고만 하니까요.

사실, 부모님의 말에는 민혜 나이 때 더 공부하고 싶었으나 그렇지 못했고, 먹고 살기에 모자람이 없는 지금을 만들기 위해 많은 고생을 해야 했기에 똑똑한 민혜를 보면서 '나처럼 고생하지 않기를…….' 이라는 부모님의 마음이 투영되어 있는 것이지요. 그래서 더욱 안타깝습니다.

경기가 어려워지고 살기 척박한 시대가 계속되고 있습니다. 그래서 부모님들은 아이들이 성인이 되었을 때, 자신보다 조금 더 편하게 살기를 바라고, 또 그런 삶을 가지기 위해 좋은 대학을 가고, 돈을 많이 벌 수 있는 직장에 들어가기를 소망합니다. 그러나 이 세상은 결코 학원에서 배운 대로 살아지는 것이 아님 또한 우리는 잘 알고 있습니다.

학교에서 1등하는 친구가 사회에서 한 성인으로서도 1등인지 살펴볼 필요가 있습니다. 사람들 사이에서 요리조리 유리한 선택을 하며 사는 사람이 행복한 삶을 살고 있다고 말하기 어려울 때가 많이 있습니다.

한 모임에서 명문대 출신 친구와 실업계 고등학교를 나온 친구의 이야기를 동시에 듣게 되었습니다. 명문대 출신의 친구는 지금 하는 일에 대한 부정적인 시선을 가진 채, 자신의 삶에 대한 의미를 찾지 못하고 있다고 했습니다. 반면 실업계 출신 친구는 서울을 활보하는 대부분의 버스 타이어를 자신이 손 보았다며, 지나가는 버스를 볼 때마다 자신이 하는 일에 자부심이 생긴다고 말했습니다. 실업계 출신 친구의 자신감 넘치는 삶의 태도가 명문대 출신 친구에게 영향을 주고 있었습니다. 두 친구의 이야기를 들으면서 저는 자신의 삶에 의미를 부여할 때, 인간은 그 의미 속에서 성장한다는 것을 알게 되었습니다.

한 인간에게는 그가 가야 할 자신의 길이 있습니다. 그 인

간의 고유한 삶의 길이 있음을 존중하고, 그것을 깊이 있게
바라봐 주어야 할 것입니다. 그 존재가 설사 자신의 아이일지
라도 말입니다.

아이는 절대로 과거 자신이 채우지 못하고 이루지 못한
것을 대신 이루어 주는 존재가 아닙니다. 부모님은 오히려
그 아이가 가진 삶의 신비가 무엇인지, 또 타고난 자질은 무
엇인지를 발견하고 알려주어야 할 의무가 있습니다. 모든
아이들에게는 보물이 숨겨져 있습니다. 그 보물을 찾아봐
주는 일차적인 책임은 부모님에게 있다고 저는 생각합니다.

아이의 더 좋은 미래에 대한 욕심이 생긴다면, 지금 시험
성적 점수를 더 올리기 위해 애쓰는 것보다 평생을 투신할
수 있는 가치 있는 일을 함께 찾아주는 것이 더 좋지 않을까
요? 아이의 존재 속에 숨어 있는 보물을 함께 발견하는 것
말입니다.

만약 가능하다면 아이와 함께 여행을 떠나는 것은 어떨까
요? 좋은 것, 맛있는 것, 유명한 관광지 등을 찾아 떠나는 돈
을 쓰는 여행이 아니라, 다양한 사람들이 서로 다른 꿈을 갖
고 사는 현장을 직접 발로 밟아 보고, 자연의 경이로움을 만
나는 여행, 가난한 나라에서 고통 받는 사람들을 만나며 아
이와 함께 마음으로 우는 여행도 좋겠지요. 시험이나 교과

　　　　　　　　　　청소년 사전 | 가족

서와는 거리가 멀어도 살아 있는 공부가 될 것입니다. 아이들이 책을 읽을 수 있도록 도와주는 것도 필요합니다. 교과서에 학습지나 문제집만이 아니라, 인문학서와 고전 등을 읽을 수 있는, 이력서나 지원서에 한 줄 더 쓸 수 있는 자격증이나 검증시험을 독려할 것이 아니라, 책을 통해 사는 방법 하나를 더 찾을 수 있도록 이끌었으면 합니다. 수많은 질문과 대화를 통해 아이가 원하는 것, 잘하는 것을 찾는 데 욕심을 내주길 바랍니다.

아이에게 숨겨진 보물은 부모님의 원하는 것과는 엄연히 다르다는 것을 꼭 기억하길 바랍니다. 부모님의 보물을 물려 주고 싶을 때 역시 마찬가지입니다. 아이가 관심을 보이도록 간접적으로 아이의 관심을 자극할 수 있겠지만, 강요는 하지 말아야 할 것입니다. 주는 물만 먹고 자란 화분의 화초보다는 들판에서 빗물을 먹고, 비바람도 견디며 자란 들풀의 생명력이 강하다는 것을 우리는 잘 알고 있습니다. 때문에 사랑스럽고 값진 보물인 아이들이 좀 더 강건할 수 있도록 세상 속으로 조금 더 용기 있게 내보낼 수 있기를 청합니다.

폭력

【명사】
〔**국어사전**〕 남을 거칠게 제압하고자 할 때 사용하는 물리적인 힘.
〔**청소년 사전**〕 기분 나쁘고 속상할 때 그 감정을 해소하기 위하여 약한 상대에게 쓰는 물리적인 힘.

"무슨 말만 하면 말대꾸래요. 시험을 못 보면 정말 엄청 맞아요. 울어도 봐주지도 않아요. ㅋ 울면 또 엄청나게 맞고요. ㅋㅋ 좋은 쪽으로 생각하려고 노력은 하는데요, 그게 안 돼요. 너무 어려워요. ㅋㅋ"

아빠, 엄마가
두려울 뿐이에요

길거리의 정신이상자를 이해할 수 있을 것 같다는 한 통의 편지를 받았습니다. 병원에도 이미 수차례 갔었다는 친구. 길을 돌아다니면서 사람을 죽이고, 도둑질을 하고, 모든 것을 엉망으로 만들어 버리고 싶다고 도와달라고 했습니다. 어릴 때부터 부모님에게서 폭력을 당해왔고, 그때마다 부모님에게 복수할 것만을 꿈꿔왔는데, 행동으로 옮길 것만 같다고요.

가정은 사회에서 시달리고 지쳐 돌아온 사람들을 품어주는 역할을 하는 곳입니다. 하지만 그런 가정의 기능이 빠르게 떨어지고 있는 것이 현실이기도 합니다.

가정 내 폭력이 얽혀 있는 상담편지를 받을 때면, 가장 마음이 아픈 것이 아이들의 웃고 있다는 표시인 "ㅋㅋㅋ"입니다. 맞았다고, 칼을 들이댔다고, 죽을지도 모르겠다는 아이들의 글을 보고 있으면 거기에는 어김없이, 마치 마침표처럼 "ㅋㅋㅋ"가 붙어 있습니다.

여름이 왔는데 몸은 커버려서 옷이 맞지 않아 옷을 사달라는 말을 하다가 맞았다고, 아빠가 자신을 좀 더 좋아하길 바라면서 열심히 공부를 하고 있는데 "쇼하지 마라."라고 혼났다며, 밥 먹으며 옷 이야기를 꺼냈다가 건방지다고 식탁에서도 맞았다며 저 표시를 붙였습니다. 저 "ㅋㅋㅋ"를 붙일 때 아이의 마음은 어떤 상태였을까요?

한 친구가 이런 글을 보냈습니다.

"맞는 건 괜찮아요. 약 바르면 되니까요. ㅋ 칼…… 찔리면 그만이죠. ㅋㅋ 그러면 고통도 슬픔도 그때뿐이 될 테니까요. 언젠가는 없어지겠지요. ㅋㅋ 하지만 정말 힘든 건 이 상황이 계속된다는 것입니다. 제 머릿속에서 그 사람들을 없애 버리고 싶어요. 혼자가 되고 싶습니다. 아니, 저에게 더 이상 간섭만이라도 하지 않았으면 좋겠습니다. 친구도, 부모님도, 선생님도, 이 세상에 살아 숨 쉬는 모든 사람들이 다 싫어요. 그래도 이제 공부를 해야겠죠? ㅋㅋ 우울해하는 건 저한테 아무런 도움이 안 되니까. ㅋ 그런데 참 바보 같지요? ㅎㅎ 알면서도 실천을 못 하겠어요.”

이처럼 아이들이 자신의 성적이나 학교생활만큼이나, 아니 그보다 훨씬 더 많이 고민하고 저에게 상담을 청하는 것이 부모님과 관련된 일입니다. 흔히들 사회의 근간이 가정이라고 하는데, 정말 옳은 말이라는 걸 매번 확인하게 되지요.

가정 내에서 폭력을 휘두르는 사람이 남성인 경우가 많기는 하지만, 자녀들과 시간을 많이 보내고 가까운 어머니가 폭력을 행사하는 경우도 많이 있습니다.

중학교 3학년인 한 친구는 편지로 성격이 급하고 화를 자주 내는 어머니의 폭력에 아주 어릴 때부터 시달려왔다고 했습니다. 사회일로 무척 바쁜 아버지가 집을 비운 사이, 이 친구가 아주 어릴 때부터 외간남자를 집으로 데리고 온 어머니. 그리고 그 사실을 딸에게 조금도 숨기려하지 않는 어머니의 모습에 이 친구는 많이 상처를 받았습니다. 조금이라도 일이 틀어지면 어머니는 이 친구에게 칼을 들이대거나 쥐약을 부어놓고 다 같이 죽자며 마시지 않으면 죽을 때까지 때리겠다는 협박을 하기도 했습니다. 그럴 때면 이 친구는 잔뜩 움츠린 채 손을 비비며 무엇을 잘못했는지도 모른 채 빌고 또 빌었습니다. 그런 생활이 몇 년째 이어지니, 이제는 어머니에 대한 분노와 미움이 너무 커져서 어찌해야 할지를 모르겠다고, 어머니를 미워하는 감정을 가지는 자신에 대해서도 죄책감을 가지고 있었습니다. 이처럼 폭력을 일삼는 부모님을 가진 아이들이 느끼는 가장 큰 감정 바로 죄책감입니다. '내가 잘못해서 그래.'라는 생각에 죄책감을 느끼게 되고, 자신의 존재를 경멸하게 된다고 합니다.

저에게 메일을 보낸 아현이 역시 몇 년 전에 아버지가 외도하고 있다는 것을 알게 되었습니다. 가정을 지키고 싶은 마음과 아버지가 언젠가는 다시 어머니와 가족들만을 사랑하게 될 거라는 바람과 믿음을 가지고 어머니에게 말을 못한 채 속으로 끙끙 앓고 있었지요. 그런데 시간이 지나도 아버지는 여전히 외도를 계속했습니다. 그리고 어머니에게 욕설과 폭력을 행사하기 시작했지요.

공장일과 집안일로 허리 한 번 제대로 펴지 못하고 살아온 어머니가 아버지에게 무참하게 폭행당하고 있는 모습을 보면서 아현이는 자신이 아버지의 외도 사실을 숨기고 있는 것이 어머니를 배신하는 것인 듯해 죄책감에 시달렸습니다. 그러다가 어머니가 아버지의 외도 사실을 알고도 그냥 맞으며 살고 있는 것을 알게 되었습니다.

아현이는 이 상황이 너무 답답해서 참지 못하겠다며 제게 편지를 보냈습니다. 저는 그 편지에서 글자 하나하나가 울부짖고 있는 듯한 느낌을 받았습니다.

아현이 어머니의 경우가 특이한 예는 아닙니다. 가정과 아이들을 지키기 위해 배우자의 외도 사실이나 폭력과 폭언을 참고 지내는 경우는 적지 않습니다. 하지만 부모님들 간에 이루어지는 폭행과 폭언은 아이들에게 무척 나쁜 영향을 줍니다.

한 어머니는 남편의 계속되는 외도와 폭력, 폭언도 아이들만을 바라보며 견뎌왔습니다. 그런데 이게 웬일일까요. 올바르게 자라 주기만을 바랐던 아들마저 남편을 닮아가고 있었던 것입니다. 가정 형편이 넉넉지 않았지만, 그래도 아들이 졸업하면 주려고 모으던 적금이 있었는데, 그 적금의 존재를 안 아들은 당장 내놓으라고 소리를 지르고 물건을 부숩니다. 그러더니 사고가 생겨 합의금이 급하다고, 만약 당장 돈을 주지 않으면 형사고발이 들어갈 수도 있다며 협박마저 합니다. 이런 경우는 아버지가 가족에게 보여준 폭력이 자연스럽게 자녀, 특히 동성인 아들에게 학습된 경우라고 볼 수 있을 것 같습니다.

이미 알려진 이야기이지만 폭력은 폭력을 부릅니다. 그것은 폭력이 가진 특별한 악순환 구조입니다. 부모의 폭력을 목격하거나 직접적으로 당한 아이들의 뇌리에 그 장면이 깊이 각인되어 어떤 식으로든 대물림됩니다. 상담을 하다 보면 그 대물림의 현장을 자주 목격합니다. 저에게 상담을 청해 온 한 어머니는 "아들이 너무 변했다."고 가슴 아파했습니다. 중학생 때까지만 해도 공부 잘하고, 상냥하던 모범생 아들이 고등학교 진학 후, 학교를 가기 싫다고 반항을 시작한 것입니다. 술과 담배를 하고, 폭언을 하거나 물건을 부수고 대화를 거부했습니다. 어머니는 달래도 보고 대화를 시도해 보기도 했지만 돌아오는 것은 폭언과 주먹이었습니다. 어머니는 아이의 학교와 학원에 가서 상담을 청하기도 하고, 주위와 의논해서 아이를 따뜻하게 대하려고도 했지만 아이는 점점 더 엇나갔습니다. 아들은 이제 "돈 내놔요. 이 집구석에서 못 살겠으니까."라고 말합니다.

어머니는 어째야 할지를 물었지만, 저는 아이가 왜 집에 들어오려 하지 않는지를 알아보는 것이 좋을 것 같다는 생각을 했습니다. 집은 품어 주고 쉴 공간을 만들어 주는 곳입니다. 그런데 그 아이에게 집은 그런 곳이 아니었던 것이지요.

이 어머니는 남편이 무뚝뚝하고 강압적이기는 해도 가능하면 집안을 화목하게 유지하려 애써왔는데, 어째서 이렇게 폭력을 휘두르는지 모르겠다고 했습니다. 하지만 폭력의 형태는 무척 다양합니다. 직접 몸에 가하는 폭력, 물건을 던지거나 부수는 행위, 그리고 언어적인 폭력도 무서운 폭력에 속하지요. 그 형태가 어떻든 간에 폭력은 아이들의 마음에 지울 수 없는 상처를 줍니다. 그리고 이렇게 폭력의 인자를 품은 아이는 훗날 폭력을 행사하는 어른으로 자랄 수도 있다는 점이 가장 무섭고 경계할 필요가 있는 부분입니다.

폭력인자를 가진 아이는 자라서 배우자를 폭행하는 사람이 되거나 자녀에게 폭력을 가하는 부모가 되거나 자신보다 약한 사람에게 폭력을 가할 확률이 높습니다. 그렇기 때문에 폭력을 행사하는 것은 아이의 현재만 아프게 하는 것이 아니라, 미래까지도 파괴하는 일인 것입니다. 그렇기 때문에 체벌을 함에 있어서도 이것이 폭력으로 확장되지 않을까 조심하고 또 조심하여야 하는 것입니다.

안타깝게도 폭력을 일삼는 부모의 인생을 거슬러 올라가 보면, 그들 역시 자신들의 부모에게서 폭력을 대물림 받았을 확률이 매우 높습니다. 하지만 이것 역시 기억하길 바랍니다. 폭력은 순환된다는 특징이 있으나 그 순환의 고리는 분명히 끊을 수 있다는 것을요. 설사 그런 폭력을 받았고 또는 가하고 있다고 할지라도, 그 악순환을 끊을 수 있는 힘 또한 가지고 있다는 것을 믿어야 합니다.

이혼

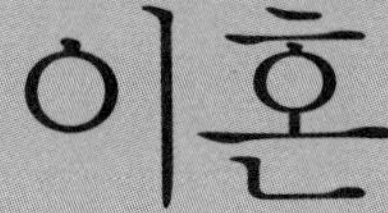

【명사】
〔**국어사전**〕 부부가 합의나 재판을 통하여 혼인을 인위적으로 소멸시키는 일.
〔**청소년 사전**〕 합의 또는 재판에 의하여 자식 의사와 상관없이 부부 관계를 인위적으로 소멸시키는 일.

"부모님의 이혼 후. 전 아빠와…… 그리고 아줌마와 함께 살게 되었어요. 제 의견과는 상관없이 어른들 마음대로 결정해 버린 거죠. 저도 감정이 있고, 생각이 있는데! 저에겐 물어보지도 않고 어떻게 그럴 수가 있죠?"

왜 나한테는
묻지도 않아요?

상담을 하다 보면 가정에 관한 안타까운 사연을 많이 접하게 됩니다. 그 중에는 이혼과 관련된 이야기들도 있습니다. 부모님의 이혼은 청소년기 아이들에게 큰 상처가 되기도 합니다. 자라고 있던 토양이 완전히 흔들려 버리는 것과 같기 때문입니다. 부모님이 이혼을 하는 것만으로도 힘든데, 부모님의 형편 때문에 환경이 바뀌는 경우도 있습니다. 이럴 때 아이들은 의논하고 의지할 친구까지 잃게 되어 이중고를 겪게 됩니다.

중학생인 은주는 최근에 부모님의 이혼을 겪었습니다. 아버지의 외도로 이혼을 하게 된 경우였고, 때문에 은주는 아버지를 원망하고 있었습니다. 그런데 어머니의 사정이 여의치 않아 은주는 어쩔 수 없이 아버지와 살게 되었습니다.

은주가 느끼기에 아버지는 은주보다는 새어머니를 더 챙기는 것 같고, 혼자 집에서 왕따가 된 것 같았습니다.

"신부님, 저는 그 여자가 너무 싫어요. 아빠는 자꾸 그 여자에게 엄마라고 부르라고 은근히 압박해요. 그 여자는 자꾸 나한테 무슨 할 말이 있는 것처럼 접근해서 맛있는 음식이나 옷으로 내 환심을 사려고 하는데, 그런 식으로 내 아빠를 꼬셨겠죠? 다 가식 같고, 너무 맘에 안 들고, 이런 집안의 분위기가 싫어요. 절대로 엄마라고 부르지 않을 거예요. 아빠도 너무 실망이었고, 언제 우리를 속이고, 엄마를 속이고 그 여자를 만났는지……. 정말 어른들은 너무 싫어서 소름 돋아요. 남동생은 몇 번 맛있는 거 얻어먹었다고 금방 엄마라고 부르면서 따라다녀요. 저도 알아요……. 동생을 위해서는 잘된 일이라는 걸요. 하지만 나는 정말 싫어요. 제가 잘못된 건가요? 제가 다른 어른들처럼 노력해야 하는 건가요? 근데 정말 싫어요."

은주의 마음에 가득찬 분노와 슬픔을 어떤 말로 위로해 줄 수 있을까요?

결혼은 부부가 하나의 인격체로서 서로 성숙해지는 것과

자녀를 출산하는 데에 그 목적이 있습니다. 결혼을 통해서 인간은 행복을 추구하게 되는 것입니다. 그런데 이 행복은 결코 부모님들만의 행복이 아닙니다. 자녀의 행복도 그 안에 포함되어 있는 것이지요. 그런데 많은 부모님들이, 특히 이혼을 선택한 부모님들은 이혼을 선택하는 과정에서 아이들의 마음, 아이들의 행복에 대해서 질끈 눈을 감고 마는 것 같습니다. 은주의 경우처럼 외면적으로 무언가를 제공하고 사 주는 것으로 이것이 해결되리라 생각하지요. 하지만 그렇지 않습니다.

사실, 이혼의 가장 큰 피해자는 바로 아이들입니다. 성장 과정에 있는 아이들은 부모님의 결별과 가정의 해체를 겪으면서 부모님이 자신을 버렸다는 상실감을 가지게 됩니다. 그리고 아버지나 어머니 중 한쪽의 부모님과 새로운 가정을 형성하게 되면, 나머지 한쪽 부모님에 대한 어마어마한 상실감과 그리움을 느끼게 됩니다. 특히 자신을 낳아 준 어머니와 같이 살지 못할 경우는 더욱 심각하지요. 일차적인 가정의 테두리가 어머니의 품이기 때문입니다. 아버지와 함께 살게 된 은주 역시 어머니를 무척 많이 걱정하고, 그리워했습니다.

"저도 이렇게 힘든데, 엄마는 얼마나 더 힘이 들까요? 저라도 엄마 곁에 있어 드려야 하는데, 그렇게 하지 못해서 가슴이 아파요."

학교도, 친구도 다 바뀌어 버린 상황에서 은주는 자신보다도 어머니를 생각하고 있었습니다. 은주의 어른스럽고 상냥한 마음에 가슴이 아팠습니다. 그리고 어른들이 생각하는 것보다 마음의 폭이 넓고 많은 것을 볼 수 있다는 것을 알 수 있지요.

이혼이라는 환경의 변화는 청소년들에게도 크게 영향을 미치지만, 사실 어른들에게도 마찬가지입니다. 익숙했던 가정환경이 변하고, 주변 사람들의 감정과 태도도 바뀝니다. 아마 은주의 아버지도 그런 상황인지도 모릅니다. 자녀를 배려하고 마음 써주고 싶지 않아서가 아니라, 새로운 환경에서 새롭게 만난 사람에게 더 신경을 써 주다 보니, 예전부터 쭉 있어 왔던 자녀에게는 조금 덜 신경을 쓰게 되는 것일 수 있습니다.

은주에 대한 미안함과 걱정, 아버지의 인생에 대한 고민을 은주가 알았더라면, 지금처럼 마음을 닫고 더 큰 상처를 받지는 않았겠지요. 아버지 역시 은주가 품고 있는 아픔과 상처에 대해 깊이 있게 들을 수 있었다면, 지금과는 또 다른 태도로 은주를 대했을지도 모릅니다. 그러나 표현되지 않은 마음은 알 수가 없습니다.

그렇기 때문에, 더욱더 대화를 나누어야 한다고 생각합니다. 섭섭한 마음, 힘든 속내, 변한 것 같다고 느껴지는 것들에 대해서 솔직하게 말하는 것이 좋습니다. 이미 대화를 시도했는데, 상대가 피하는 경우도 있습니다. 그럴 때는 거부당했다는 생각에 움츠러들고, 다시 용기를 내기 어려울 수도 있겠지요. 하지만 한 번 더 용기를 내보길 바랍니다.

세상의 많은 부모님들이 아이들의 교육에 열과 성을 쏟습니다. 더 좋은 과외, 더 잘 가르치는 학원, 더 훌륭한 선생님을 제공하기 위해 노력하지요. 그러나 저는 부모님이 아이들에게 제공할 수 있는 가장 큰 교육은 부모님이 잘 살아가는 모습을 보여주는 것이라고 생각합니다. 서로를 따뜻하게 배려하고, 어려운 난관을 함께 극복하는 건강한 부부의 모습을 보여주는 것, 그 안정감을 제공하는 것만으로도 아이들은 자아 정체성을 찾고, 자기를 계발할 수 있는 힘을 얻습니다.

실제로 제가 아는 친구들 가운데서 공부를 잘하고, 하고자 하는 일에 도전할 줄 아는 아이들의 경우, 화목하고 안정된 가정에서 자란 확률이 높았습니다. 경제적인 안정과는 별도의 정서적 안정이 제공된 경우지요.

불행하게도 이미 깨어진 가정의 경우, 아이들이 느낄 공허한 마음을 잘 보듬어주는 것이 중요할 것입니다. 결국 아이의 마음을 읽어 주는 수밖에 없습니다. 그리고 새로운 가정을 형성했을 경우, 새로운 가정 구성원과 아이 사이에 어떤 식으로든 대화를 할 수 있는 관계를 형성하기 위해 노력할 필요가 있습니다. 또한 아이가 친부모님을 만나고자 하는 마음을 존중하고 지지할 필요가 있습니다. 그것을 단절한다면 아이는 자신이 느끼는 공허함을 달랠 수도 없을 것이고, 결국 왜곡된 증오와 분노만 남게 될 수 있기 때문입니다. 사춘기를 겪고 있는 아이라면 더욱 그럴 수 있습니다.

사춘기의 아이들은 이미 기존 질서에 대한 반발감을 어느 정도 가지고 있습니다. 때문에 자칫하면 그런 아이들의 마음을 더욱 심화시킬 수도 있습니다. 마음을 두고 있던 가정의 갑작스러운 파괴로 마음 둘 곳을 잃은 아이들이 다시 마음을 열고, 공허감을 채울 수 있도록 기다려 주고 배려했으면 합니다.

세상을 살아가다 보면 자신이 의도하지 않은 일로 상처를 입고, 그 때문에 힘들어하게 되기도 합니다. 자신의 잘못도 아닌데 힘들어지는 것은 참 속상한 일입니다. 부모님의 이혼으로 정신적인 상처를 입은 아이들 역시 그런 마음일 것입니다. 말하려 하지 않는 아이라면 기다려 주고, 말할 수 있게 도와주고, 또 말을 한다면 그 마음을 들어 주어 어쩔 수 없는 상황을 이해할 수 있도록 노력해야 할 것입니다.

부모님 때문에 아이들이 속상한 일이 생기기도 하고, 아이 때문에 부모님이 속상한 일이 생기기도 합니다. 하지만 그럼에도 그 속에서 살아가지 않으면 안 되는 것이 삶입니다. 이 속상한 일들, 슬픈 일들을 자양분으로 삼아 좀 더 속이 단단하게 찬 사람이 될 수 있을 것이라 스스로를 위로하고 다독이며 이겨 나가길 바랍니다.

"그 친구는 학교에서의 재미있는 일, 고민 등 사소한 것에서부터 심각한 이야기들도 가족과 함께 이야기해요. 친구 이름도 다 알고요. 그 친구가 정말 부러웠어요. 우리 가족은 왜 그렇게 되지 못하는 걸까요?"

우리 이야기 좀 해요

시대가 각박해지고, 경제가 어려워지면서 사람들의 마음이 많이 거칠어졌습니다. 그리고 그런 마음들은 사회에서 표출되기도 하지만, 가정에서 걸러지지 않고 다른 식구들에게 쏟아지기도 합니다. 때로는 폭력으로 드러나고, 때로는 무관심과 무시로 표현됩니다.

이런 현상은 생각보다 자주 일어나고 있습니다. 그리고 그런 무관심과 무시는 가정 내에서 아직은 많이 약하고 여린 아이들에게 상처를 입힙니다. 스스로의 성장 과정을 뚫고 나가는 것만으로도 가슴이 터져나갈 것 같을 아이들이 부모님과 다른 가족 구성원 때문에 저에게 상담을 청할 때면 입 안이 씁쓸해집니다.

　고등학교 1학년생인 지현이는 서로 거의 대화를 하지 않는 가족 때문에 속앓이를 하고 있었습니다. 하지만 '말을 하지 않는다'는 것이 정말로 말을 한 마디도 하지 않는다는 것은 아닙니다.

　"밥 먹어라."

　"숙제해라."

　"학원에 가라."

　지현이가 집에서 들을 수 있는 말들입니다. 하지만 가족들끼리 무엇이 고민인지, 앞으로의 계획은 무엇인지, 꿈은 무엇인지, 혹은 오늘 재미있었던 일, 슬펐던 일, 속상했던 일 같은 것은 전혀 이야기하지 않습니다. 그리고 그런 지현이의 이야기를 들어 주려는 사람도 없습니다.

　지현이는 그게 어쩌면 다른 가족들에게도 있는 일인지도 모른다고 스스로를 위안하며 지냈습니다. 하지만 얼마 전 친구와의 대화에서 그렇지만도 않다는 것을 알게 되었습니다. 그냥 학교생활에 대해서 이런 저런 이야기를 하고 있었는데, 친구가 지나가는 말로 이야기했습니다.

　"어제 엄마랑 밤새 담탱이 이야기 하느라 엄청 늦게 잤다니까."

그랬습니다. 그 친구의 어머니는 지현이는 물론이고, 그 친구와 친한 아이들의 이름은 다 알고 있다고 했습니다. 게다가 반에서 일어나는 속상한 일, 재미있는 일들도 늘 이야기한다는 것입니다. 얼마 전에 읽은 책 이야기, 드라마 이야기, 좋아하는 연예인 이야기도 한다고 했습니다.

텔레비전에서 나오는 화목한 가정은 아니어도 서로에 대한 관심은 있었으면 하는데, 그런 것이 전혀 없는 자신의 가족이 지현이는 너무 속상합니다. 지현이가 먼저 말을 꺼내고 고민을 털어놔 봐도, 학교에서 있었던 이야기를 해 봐도 묵묵부답이거나 어색한 기류만 흘러서 이제 지현이도 지쳤습니다. 서로에게 관심을 가지고 대화를 나누지 않는 가정도 있다는 것은 알지만, 지현이는 집에서 너무 외롭습니다.

지현이네 집처럼 이런 가정이 꽤 있습니다. 아마도 그런 부모님들은 태생적으로 내향적인 성격일지도 모릅니다. 활달하고 말이 많은 사람만이 가정을 이룰 수 있는 것은 아니니까요. 또, 마음 아픈 이야기이기는 하지만 성격과는 관계없이 인간에 대한 관심이 기본적으로 부족한 부모님도 많습니다. 우리 시대의 많은 부모님들이 자녀의 갈등이나 마음 상태에 대하여 섬세하게 배려하는 태도가 부족한 것이 사실입니다. 그래서 지현이와 같은 고민을 가지고 있는 아이들이 있는 것이겠지요. 안타까운 것은 저런 고민은 쉽게 해결하기 어렵다는 것입니다. 가족 간의 분위기는 가족 개개인이 만드는 것이 때문에 한 명만 애를 쓴다고 바뀌지 않습니다.

이런 가정의 부모님들은 대개 그들 역시 대화 없는 가정에서 자랐을 가능성이 높습니다. 우리 사회는 바쁘고 힘든 삶과 자신 내면의 갈등 때문에 아이의 마음을 살필 여백을 허용하지 않은 지 무척 오래되었습니다. 하지만 저는 부모님들이 자신이 역할에 대해서 한 번 생각 해 보았으면 합니다.

우리 시대의 부모님들은 자녀를 위해 아주 많은 것을 내어 놓습니다. 자녀의 배를 곯지 않게 하기 위해 돈을 벌고, 밥을 차리고, 학교와 학원에 보내는 등, 부모님으로서의 역할을 성실히 수행하지요. 그러나 감히 저는 이렇게 말하고 싶습니다. 부모님의 역할은 아이를 먹이고 입히는 것이 다가 아니라고 말입니다. 아이에게 말을 걸어 주고 다가가는 것 역시 부모님으로서 수행해야 할 아주 중요한 역할이라고 말입니다. 그리고 그 역할을 제대로 하지 못했다면, 한 아이의 부모로서 아직 성장하지 못한 것이라고 말이지요.

아이에게 가장 큰 벌이 무엇일까요? 그것은 그 아이에 대해 질문하지 않는 것입니다. 같은 공간에 있는 부모님이 침묵으로 일관하는 것. 그것은 무관심의 증거이고, 무관심은 아이가 받을 수 있는 가장 무서운 벌인 것이지요.

성 요한 보스코는 이런 말을 했습니다.

"한 아이가 다가오면 그를 모른 척 하지 마십시오."

아이에게 끊임없이 말을 걸어 주고 질문을 던져 주라는 뜻입니다. 그래야 자신을 향한 호의를 감지할 수 있기 때문 이지요. 침묵으로 일관하는 부모님에게서 아이는 결코 사랑을 느낄 수 없습니다. 아이에게 밥을 차려 주고 학원에 보내 주는 것이 부모의 역할이 아니라 마음을 다해 '말을 걸어 주는 것' 역시 부모의 중요한 역할이라는 것을 기억하길 바랍니다.

가출

【명사】
〔국어사전〕 가정을 버리고 집을 나감.
〔청소년 사전〕 가정이 제발 다시 가정이 되기를 바라며 집을 나감.

"그래, 뭐가 그렇게 섭섭하기에 집을 나가 헤맨 거니? 밥은 제대로 먹었니?"

영훈이는 머리를 긁적이며 말했답니다.

"내가 집을 뛰쳐나가려 할 때, 엄마는 날 붙잡지도 않았잖아요……."

이놈의 집구석!
집인데 더 힘들어요!

가끔 청소년들과 야외로 나갈 일이 있습니다. 그럴 때면 저도 모르게 아이들의 얼굴을 더 자세히 보게 됩니다. 푸른 바다나 초록빛 산보다 더 푸르고 생기 넘치는 아이들의 얼굴을 보고 있자면 평소에 보게 되는 아이들의 얼굴이 떠오릅니다. 밖에서는 저토록 생기 넘치고, 자유에 찬 모습으로 활개를 펴는데, 왜 일상으로 돌아가 집으로만 들어가면 기를 못 펴고 삶의 무게를 온몸으로 지고 있는 듯한 표정을 짓게 되는지……. 그리고 한 공부방 선생님에게서 들은 영훈이의 이야기가 떠올랐습니다.

서울 외곽 지역의 공부방을 다니는 고등학교 1학년생 영훈이는 아들만 셋 있는 집의 막내였습니다. 아버지는 가족들과 함께 살지 않고, 어머니 혼자 파출부 일을 하며 생계를 꾸려가고 있었습니다. 일찍이 아버지 역할을 대신하여 막내인 영훈이를 늘 가르치고 훈계했던 큰형은 공부도 무척 잘하는 모범생이었다고 합니다.

반면 영훈이는 친구가 많아 놀기에 바빴고, 때로는 친구들과 어울려 다니며 술이나 담배를 하기도 하고, 잘 사는 집 친구들의 비싼 옷가지들을 빌려 입고는 거리를 쏘다니기도 했습니다. 그러다 보니, 차츰 집에 돌아오는 시간이 늦어졌지요. 그러면 일터에서 겨우 집에 돌아온 어머니는 더 늦게 돌아오는 막내아들을 기다리다 잠도 제대로 못 이루는 날이 많았습니다. 이 상황을 보다 못한 영훈이의 큰형이 마침내 통금시간을 밤 10시로 정하고, 그 이후에는 '절대 외출금지'라는 불호령을 내렸지요. 영훈이는 그런 형에게 불만을 품고 항의했지만, 어머니는 모른 척했습니다. 믿었던 어머니마저 형의 편에 서자, 가족들이 자신을 무시한다는 생각에 영훈이는 갑자기 화산 폭발하듯 화를 터트렸습니다. 그런 영훈이의 모습을 본 어머니는 한숨을 쉬며 말했습니다.

"그래. 나도 이제 지치고, 네 꼴 보기 힘들다. 아예 내 눈 앞에서 안 보이는 게 낫겠다."

참다못해 나온 어머니의 그 말에 영훈이는 그 길로 집을 뛰쳐 나갔습니다. 그 이후로 영훈이는 내내 이 거리에서 저 거리로, 이 친구 집에서 저 친구 집으로 옮겨 다녔고, 본드까지 흡입하며 자기 자신을 마구 망가뜨렸습니다.

공부방 선생님과 담임선생님이 함께 애쓴 끝에, 일주일 만에 영훈이는 가족들에게로 돌아오게 되었습니다. 집으로 돌아온 영훈이에게 어머니가 물었습니다.

"그래, 뭐가 그렇게 섭섭하기에 집을 나가 헤맨 거니? 밥은 제대로 먹었니?"

영훈이는 머리를 긁적이며 대답했답니다.

"내가 집을 뛰쳐나가려 할 때, 엄마는 날 붙잡지도 않았잖아요……."

영훈이의 이 짧은 말 한 마디가 제 가슴을 깊이 울려 아직도 메아리치며 말하고 있습니다.

모든 사람들은 가정이 따뜻하고 편안한 안식처이기를 바라지요. 고등학교 1학년인 경수는 요새 매일 가출만 생각합니다. 실직 이후 늘 술만 마시고 큰소리를 내는 아버지와 일을 하다가 저녁 늦게 돌아온 어머니는 밤새도록 싸웁니다. 술에 취한 아버지의 모습이 실망스럽기도 하지만, 그보다는 듣기에 거북할 정도로 아버지에게 퍼부어대는 어머니가 정말 밉습니다. 어머니는 이제 집안일에는 손도 안 대고 바깥일을 하다가 돌아와서는 싸움만 하고 짜증만 냅니다. 중학교 1학년인 여동생을 보면 안타깝고 마음이 아프지만 경수도 너무 힘듭니다.

학교를 가 보면 왜 그리도 행복한 가정이 많은지요. 친구들은 가족들과 여행을 가거나 부모님께 선물을 받았다고 자랑을 합니다. 경수는 할 말이 없지요. 이제 경수가 기억하는 부모님의 모습은 원수처럼 싸우는 것밖에 없습니다. 어린 동생이 불쌍하기도 하지만, 매일 싸우는 어머니, 아버지를 이제는 더 이상 보고 싶지가 않습니다. 경수는 이제 집에서 도망가고 싶은 마음뿐입니다.

영훈이나 경수의 경우를 보면 알 수 있듯이, 가출은 아이가 집을 나가는 것임과 동시에 부모님이 아이를 집에서 떠밀어 내는 것이기도 합니다. 마치 자석의 양극처럼 집에 마음 붙일 곳이 없는 아이를 부모님이 밀어 낸 것은 아닐지도 생각해 보아야 할 것입니다.

그렇다면 아이들은 왜 가출을 할까요? 예나 지금이나 아이들은 가출을 부모님과의 갈등에서 이길 수 있는 마지막 카드라고 생각하고 사용합니다. 또 부모님의 관심을 유발하기 위한 가출도 있지요. 자신에게 관심이 없는 부모님의 시선을 자신에게 돌리고자 하는 것입니다. 청소년기의 아이들은 자신에게 주어진 선을 넘어보고 싶어 하는 특성을 가지고 있습니다. 그래서 그 일탈을 해 보기 위해 가출을 선택하는 경우도 있습니다.

어떤 청소년은 집을 "싫었다."는 단정적인 말로 표현하기도 하였습니다. 그 아이는 집이 아니라 집에 있는 부모님이 싫었던 건지도 모르겠다며, 그 이유를 서로를 향한 무관심으로 꼽았습니다. 대화마저 어색한 공간에서 가족이라는 이름으로 사는 것이 고역이라고 하였습니다. 자신조차 그들과 동화되어 무심해지고 무감각해지는 것이 싫어, 차라리 타인들 속에서 마음껏 걷고 뛰고 웃고 싶다고 하였지요.

부모님이 평소에는 관심조차 보이지 않으면서 공부나 생활에 대한 잔소리를 할 때면 참기가 힘들다고, 그래서 차라리 친구들과 있으면서 위안을 찾고 싶고, 그게 나을 것 같아서 가출을 한다고 했습니다.

요즘은 가출의 경향이 과거와 많이 달라졌습니다. 예전에는 가정불화라든가 성적 등으로 가출을 선택하는 경우가 많았고, 가출을 부끄러운 행동이나 탈선이라고 생각하기도 했습니다. 그러나 요즘에는 부모님의 잔소리를 듣기 싫어서, 혹은 특별한 동기 없이 친구들과 어울리기 위해 가출을 하기도 합니다. 어떤 아이는 "나갔다 돌아오니 탕수육도 사 주고 관심도 가져 준다. 한 번 더 가출할까?"라는 말을 농담처럼 하기도 합니다. 물론 그렇게 쉽게 가출을 한다는 것은 가족이나 집에 대한 아이의 애착이 얼마나 부실하게 형성되어 있는지를 반증하는 것이며, 부모님과 가족의 무관심이 어떤 정도인지를 알려주는 것이기도 합니다.

평소 관심을 가지고 아이들을 살펴보고 있는 부모님들이라면 아이가 가출을 하기 전에 보이는 사인을 파악할 수 있을 것입니다. 말투나 행동, 전화 통화에 집착하는 태도 등이 그런 것입니다. 아마도 아이들은 비언어적인 표현으로 스스로의 불만과 계획을 표출했을 것입니다. 이런 사인들을 읽어내는 것은 매우 중요합니다. 그것을 통해 첫 가출이 두 번째 가출로 이어지지 않도록 마음을 잡아 줄 수 있으니까요.

아이의 친구들을 잘 알아 둘 필요도 있습니다. 가출 청소년들을 살펴보면 혼자 가출하는 것보다는 친구들과 가출하는 비중이 훨씬 높기 때문입니다. 아이의 친구들이 가출로 이끄는 것은 아닌지 살펴볼 필요도 있지요.

집을 거부하는 아이의 마음을 어떻게 되돌릴 수 있을까요? 물질적으로 아이의 마음을 잡는 데에는 한계가 있습니다. 중요한 것은 아이를 밀어 내지 않는 것, 그리고 부모님

청소년 사전 | 가족

의 마음 안에 아이가 마음 둘 자리를 마련하는 것입니다.

"엄마는 날 붙잡지도 않았잖아요!"라는 영훈이의 외침이 때때로 제 마음 속에 울리곤 합니다. 어쩌면 떠난 아이들은 누구보다 더 강력하게 머무르기를 바랐는지도 모릅니다. 가출은 사회적 문제이면서 동시에 아주 개인적인 문제입니다. 상처받은 개인이 아픔을 표현하는 최후의 방법 중 하나이겠지요. 너무 가까워서 그 고통마저 느껴지지 않았던 우리 아이들의 아픔 말입니다.

때로 우리는 가장 가까운 사람으로부터 멀어지고 싶은 마음, 내면을 열어 보여주었던 사람에게 다시 빗장을 잠그고 싶은 아픔을 체험합니다. 아마 자기도 모르는 사이에 상대방에게 받은 상처가 쌓여갔기 때문이겠지요. 가족에게 등을 돌린 아이들 역시 그럴 것입니다. 그러나 그들 때문에 우리의 마음이 아프다면, 기회는 있습니다. 내 마음을 아프게 한 사람은 곧 그만큼 내 마음이 기울어져 있는 사람이며, 그 아픔으로 인해 서로의 관계를 다시 엮어 나갈 수 있을 테니까요.

부모

【명사】
〔**국어사전**〕 아버지와 어머니를 아울러 이르는 말.
〔**청소년 사전**〕 자식만 욕할 수 있는, 밉고 이해 안 되는 답답한 양반들을 이르
는 말.

"제 가장 큰 고민은 아버지가 예전처럼 되시는 거예요. 겉으로는 표현 안 하시
지만 아버지도 많이 힘드시니까 요즘 술을 많이 드세요. 저는 그런 아버지의
행동이 너무 싫어서 아버지와 말도 안 하고 나쁜 친구들이랑도 어울려요. 아버
지가 예전처럼 큰소리도 치고 당당해지셨으면 좋겠어요. 차라리 매를 들고 혼
을 내셨으면 좋겠어요. 자꾸 술로 자신을 감추는 게 너무 싫어요."

힘들다고
움츠리지 마세요.
속상해요!

경제적인 어려움은 참 많은 사람들을 힘들게 합니다. 가족에게도 예외는 당연히 아닙니다. 그 때문에 힘들어하는 청소년들 역시 자주 만나게 됩니다. 고등학교 3학년인 지혜는 엄청난 스트레스를 받고 있습니다. 성적 때문만이 아닙니다. 아버지의 사업이 어려워졌기 때문입니다.

무역업을 하고 있던 아버지 덕분에 지혜네 집은 꽤 부유했고, 지혜는 별로 부족한 것 없이 자랐습니다. 그런데 아버지 사업이 무너져 학원도 끊기고, 집도 작은 곳으로 옮기게 되었습니다. 이제까지와 다르게 대학생인 언니와 방도 함께 써야 합니다. 그러니 자꾸만 짜증이 납니다. 가족들과 비밀 하나 없이 지냈는데, 이제는 말도 한 마디 하기 싫습니다. 모두 힘들다는 것을 아는데, 자꾸만 원망스러운 마음이 생기고 집에도 있기 싫습니다. 집에만 들어오면 짜증을 내니 이제는 자신마저 싫어지려고 합니다. 철없어 보이겠지만 자신의 꿈마저 사라져 버릴 것 같아 너무 괴롭다고 했습니다.

이제까지 경험해 보지 못했던 경제적 궁핍을 느껴야 하니 지혜가 얼마나 답답할지 어렴풋이 짐작이 가기는 합니다. 하지만 경제적으로 힘들어지면 더 어려운 경우도 많이 생깁니다. 집으로 빚쟁이가 찾아오기도 하고 온 가족이 한 방에 살아야 하는 경우도 있습니다.

제가 만난 윤수라는 친구는 궁핍보다는 작아진 아버지의 모습을 걱정하는 아이였습니다. 윤수의 아버지는 실직 후 희망을 잃어버린 채 그 괴로움을 술로 달래며 점점 더 작아졌습니다. 그런 아버지의 모습에 윤수는 많이 힘들어하고 있었습니다. 예전에 보았던 당당하고 강한 아버지를 그리워하고 있었지요.

어떤 어른들은 자신의 아픔을 이겨 내지 못하고 무너지기도 합니다. 또 어떤 어른들은 아픔을 안은 채로 버티기도 하지요. 이겨 내지 못했다고 무작정 탓할 수는 없습니다. 어려움에 빠지면 나이를 불문하고 그 어려움을 회피하기 위해 파괴적인 행동을 하기도 합니다.

부모님이 아이들을 사랑하는 것처럼, 아이들도 부모님을 사랑하고 지지한다는 것을 저는 느낄 수 있습니다. 사랑과 지지는 마치 꽃을 키우는 것과 같지요. 생명을 주고 시간을 두며 활짝 피어나는 순간을 기다리는 것입니다.

고등학생 시기의 청소년들은 어느 정도 자신의 일에 책임을 질 수 있을 뿐만 아니라, 타인을 이해하고 도울 수도 있습니다. 지쳐서 무관심해져 버린 가족 구성원에게 용기와 희망을 준다면 분명 그들에게 힘이 될 것입니다.

어려움은 고통스럽지만 우리를 성장케 합니다. 지금의 어려움은 나중에 우리가 더 어렵고 힘든 일을 만나게 되었을 때 그것을 견딜 수 있는 힘을 미리 준비시켜 주게 될 것입니다. "웃고 있는 얼굴도 아름답지만, 슬퍼하는 얼굴도 아름답습니다."라는 말이 있습니다. 인생을 살다 보면 항상 기쁜 일만 있는 것은 아닙니다. 경제적인 어려움이 오기도 하고, 또 다른 위기가 오기도 합니다. 하지만 그 모든 것이 한 데 어우러져 인생의 아름다움을 엮어내지요. 이런 것을 받아들이면서 진정한 가족이 되고 성인이 되는 것입니다.

2장

학교

우리는 바람에 흔들리기도 하고 눕기도 하며 자라는 꽃입니다

【명사】

일정한 목적과 교과과정 및 설비를 가지고 정부의 제도와 법규에
따라 교사가 지속적으로 학생들에게 교육을 실시하는 기관.

학교는 교육을 실시하는 기관입니다. 그렇다면 교육이란 무엇일까요? 표준국어대사전에 따르면 교육은 명사로, "지식과 기술 따위를 가르치며 인격을 길러 줌"이라고 뜻이 풀이되어 있습니다. 오랫동안 '지식과 기술을 가르친다'는 부분에 집중해 왔던 한국의 학교. 하지만 현재 한국의 학교는 '지식과 기술을 가르친다'는 부분에 있어서도 '인격을 길러 준다'는 부분에 있어서도 물음표를 받고 있습니다. 특히 '인격을 길러 준다'는 부분에서 그렇지요.

저에게 많은 아이들이 학교와 관련하여 상담편지를 보냅니다. 청소년 폭력이며 왕따 이야기가 신문지상을 장식하고 사람들이 심각하게 생각하기 이전부터 많은 아이들이 그 고민에 시달렸고 고통받았습니다. 당연히 보호받고 존중받아야 할 아이들이 어느새 자포자기하고, 깊은 우울과 무기력증에 빠져 버리는 경우도 많이 보았습니다. 그 틈바구니에서 선생님들 역시 다치고 지치고 포기하는 모습을 보았습니다.

지식과 기술을 가르치고, 인격을 길러 주어야 할 학교가 언제부터인가 학생과 선생님 모두에게 전투의 장, 견뎌야 하는 고통스러운 공간이 되었습니다. 그리고 사회는 힘들어하는 아이들을 품어주지도, 곁을 내어 주지도 않은 채 무심하게 방관하고 야단만 치고 있습니다.

안녕하세요, 신부님?

저는 고등학교 1학년에 재학 중인 여학생입니다.

중학교 때는 제법 공부를 잘했기 때문에 고등학교에 입학하고 나서도 주위에서 많은 기대를 받아왔습니다.

그런데 불행하게도 학교에 잘 적응하지 못하겠습니다.

제가 다니는 학교에서는 새벽 6시 30분까지 학교에 등교해서 자율학습을 하고, 학원에 가는 경우가 아니면 학교 도서관에서 9시 30분까지 공부를 해야 합니다. 담임선생님은 매우 엄격한 분으로 이 자율학습을 한 번 빠지면 가혹한 처벌은 물론 한 달 동안 주번을 시킵니다. 그리고 만약 두 번 이상 빠지면 학기 내내 주번을 시키겠다고 합니다.

더 심한 것은 토요일에도 저녁까지 남아서 억지로 자율학습을 해야 하는 것입니다. 중학교 때는 주말에 친구들과 서점에 가기도 하고, 다른 취미활동을 했습니다. 가끔 영화를 보러 가기도 했고, 또 성당에서 하는 성가대 연습도 빠지지 않고 나갔습니다. 그런데 이제는 그런 자유마저도 없다는 것이 몹시 화가 나고 답답합니다. 학교가 아니라

군대인 것 같습니다. 선생님이 이렇게 마음대로 한 반의 학생들의 자유를 억누르고 규제해도 되는 걸까요?

사실 중학교 때는 책을 읽고 신문도 보고, 잡지도 보면서 친구들과 이야기를 나누는 동안에 더 많은 것을 생각하고, 그것이 알게 모르게 제 호기심을 자극해 공부를 하게끔 만들었습니다. 그런데 이제는 공부라는 말만 들어도 담임 얼굴이 떠오르면서 넌더리가 납니다. 호기심도 없고요. 위압적인 학교 분위기와 참고서만 쳐다보는 지겨운 공부 방법 때문에 오히려 성적이 더 떨어졌습니다.

꼭 이렇게 살아야 하나요. 저는 전학을 가고 싶습니다. 전학을 간 학교도 그렇다면, 다른 나라라도 가고 싶습니다.

성적

【명사】

〔국어사전〕 학생들이 배운 지식이나 기능, 태도 등을 평가한 결과.
〔청소년 사전〕 인생을 결정할 숫자 나부랭이.

"지금 저는 흐릿한 형광불빛이 있는 독서실에 있어요. 시험이 7일밖에 남지 않았는데, 도통 공부가 되지 않습니다. 책을 읽고 또 읽어도 머릿속에 들어오지 않고, 영어 단어를 연습장 한 장 가득 써 보아도 외워지질 않아요. 수학은 아예 포기했습니다. 너무 갑갑해서 잠깐 책을 놓고 고개를 들어 주변을 둘러보면 모두들 고개를 숙이고 공부하는 모습만 보여 가슴이 더욱 답답해지고 때로는 울렁거리기도 합니다. 너무 불안해서 이렇게 편지라도 써야겠다는 생각이 들어 편지를 쓰고 있습니다."

시험 보기가 무서워요

학교에 있으면 시험이나 성적이 인생의 전부인 것처럼 느껴지곤 합니다. 저 역시 학창시절을 겪어 보았기에 그런 기분을 느껴 본 적이 있습니다. 하지만 요즘 만나는 청소년들은 저희 세대보다 조금 더 심각하게 느끼는 것 같습니다. 어떤 아이들은 그 스트레스로 잠을 이루지 못하기도 하고, 집중을 하지 못해 성적이 더 떨어지기도 합니다.

초등학교에서 중학교, 중학교에서 고등학교로 진학하게 되면 자연히 성적이 재편성됩니다. 서로 다른 학교에서 온 다양한 학생들이 새로운 집단을 이루기 때문에 처음에는 성적 등락이 있을 수밖에 없습니다. 생활환경이 변한 것만으로도 충분히 힘들 텐데, 성적마저 떨어지면 무척 힘이 듭니다. 거기에 사춘기가 올 시기이니 얼마나 마음이 힘들까요?

제게 상담을 신청한 한 어머니는 중학생 아들을 두고 있습니다. 초등학교 때까지만 해도 반에서 공부도 아주 잘하고 성실하게 활동했던 아이였는데 중학교에 진학하면서 성적이 하위권으로 떨어졌고, 학교 가기 귀찮다는 말을 입에 달고 산다며 걱정이라고 했습니다. 도움을 주고 싶어 묻는 부모님에게는 "됐어요. 내 일은 내가 알아서 할 테니까."라며 핀잔만 주지요. 과외를 시켜 준다고 해도 싫다고 하고 학원을 가겠느냐 물어도 짜증만 냅니다. 도움을 주려고 물어보면 "잔소리 하지 마요!"라며 화만 낸다는 아이. 아이의 아버지는 처음에는 타이르려 하다가 결국에는 윽박질러 버리곤 해서 가족의 분위기만 나빠져서 고민이라고 했습니다.

부모님 입장에서도 성적이 고민이지만, 아이들 입장에서는 더욱 그렇습니다. 제게 편지를 보낸 효선이 역시 그랬습니다. 효선이는 저에게 "시험을 보기 무서워요."라고 말했습니다. 중학생 때만 해도 반에서 꽤 상위권에 있었던 효선이는 고등학교 진학과 함께 성적이 뚝 떨어졌습니다. 그 충격으로 더 열심히 공부했지만 성적은 계속 제자리였지요. 그 스트레스 때문인지 한 페이지 가득 같은 영어 단어를 쓰

며 외워도 이내 잊어버리고, 어떤 과목은 아예 포기를 해 버
릴 정도가 되었습니다. 시험지를 받으면 식은땀만 나고 머
릿속이 하얘지기도 했습니다. 어머니의 다정한 배려나 힘내
라는 말조차도 짜증스럽게만 느껴졌습니다. 공부를 하면 머
리까지 아프다는 효선이의 편지가 무척 마음이 아팠습니다.

가끔은 어떤 현상이나 제도가 본래의 의도나 뜻과 달리
일어나거나 운영되는 경우가 있습니다. 많은 것들이 그렇
지만, 청소년들에게 가장 크게 작용하는 것은 성적과 시험
이 아닐까 싶습니다. 본래 시험이란, 질 좋은 교육을 위한
수단이었지, 결코 그 자체가 목적이 아니었습니다. 이 학생
은 90점. 저 학생은 40점. 이렇게 점수를 매겨 두고 이 학생
은 90점짜리 우등생, 저 학생은 40점짜리 열등생이라고 비교
해가며 낙인을 찍기 위한 것 역시 아닙니다. 또한 시험을 잘
못본 학생은 평생 씻을 수 없는 죄를 지은 것처럼 무거운 짐
을 지고 가라고 만들어진 것이 아닙니다.

학교 교육에서 시험의 본래 의도와 목표는 교실 안팎에서
이루어지는 교사와 학생 간의 가르치고 배우는 모든 활동의
성과가 얼마만큼 교육의 기본 목표에 도달해 있는가를 평가
하고 점검하여 그것을 교육활동에 반영하는 데에 있습니다.

하지만 시험이 본래의 뜻을 벗어난 지는 오래인 것 같습

니다. 시험 전부터 스트레스를 받기 시작해서 시험의 결과
가 나오면 기대 충족 여부에 따라 엄청난 스트레스를 받게
됩니다. 기대만큼 나와도 성적을 유지하거나 성적을 추가
로 향상시키는 데에 스트레스를 받는 아이도 있습니다. 제
가 만난 한 아이는 성적이 떨어지면 그 때문에 부모님이 실
망하고, 자신을 외면할까 봐 두려워하고 있었습니다.

그런가 하면 어떤 친구는 성적에 신경쓰면서 오히려 가족
과 틀어지게 되었다고 상담을 청해왔습니다. 성적이 원래
좋지 않았던 그 아이는 자신의 성적으로 인해 속상해하는
어머니가 기뻐하는 모습을 보기 위해 열심히 공부를 하기로
했습니다. 정말 잘하고 싶다는 생각에 노력을 많이 했지만
별다른 성과를 올리지 못했습니다.

"성적표를 받았습니다. 또 떨어졌습니다. 이번에는 성적
을 올려 부모님을 기쁘게 해 드리고 싶었는데……."

자신에게도 많이 실망했지만, 속상해하는 어머니를 보니
더욱 가슴이 아팠다고 했습니다. 그런 어머니에게 죄송한
데, 그것을 어떻게 표현할지를 고민만 할 뿐, 어째서인지 도
통 표현을 할 수가 없었습니다. 그리고 자꾸만 엇나가는 행
동을 하고 어머니의 바람과는 반대 방향으로 행동하게 되어
서 고민이라고 했습니다. 때로는 아이들의 마음과 행동이

일치하지 못하기도 합니다. 이런 마음을 가지고 있으나 행동에까지 닿지 못하는 아이에게 어떤 말을 해야 할까요?

아마 모두들 잘되어라 타이르고 싶은 마음은 같을 것입니다. 그래서 저는 성적과 눈앞에 보이는 행동만을 야단치기보다는 그들 안에 있는 좋은 마음을 바라보라고 권고하고 싶습니다. 자신의 미래에 대해 불안함을 가진 아이들에게 버팀목이 되어 줄 사람은 다른 누구도 아닌 부모님이어야 하기 때문입니다. 아이들 속에 있는 좋은 마음을 바라보고 격려해 주는 것, 그것으로 충분합니다.

한때 방황을 할 수 있겠지만 부모님의 지지를 잃지 않는 친구라면 분명 청소년기를 잘 넘어설 수 있을 것입니다. 어떤 선물보다 부모님의 믿음과 지지가 담긴 한 마디가 그 백배의 결과를 만들어 줄 것입니다.

입시

【명사】

〔국어사전〕 입학시험

〔청소년 사전〕 잘못하면 인생이 피곤해지는 시험, 혹은 12년 동안 인생을 피곤하게 하는 시험.

"이렇게 대학 가서 뭐해요? 어차피 공부 잘하는 애들은 좋은 대학 가고 좋은 직장 가서 돈 많이 벌고 잘 먹고 잘 살 텐데, 저는 좋은 대학도 못 가고 돈 많이 버는 직장도 못 갈 것이고, 그러니 기껏해야 가난한 삼류 인생이 저를 기다리고 있을 뿐이잖아요."

삼류로 살아서
뭘해요?

요즘은 어린이들을 위한 '처세술 교습'과 '놀이 과외'가 따로 있다는 이야기를 들었습니다. 놀이 과외란 놀이를 아이들끼리 어울리면서 저절로 배우는 것이 아니라 선생님이 어떻게 노는지와 어떻게 하면 이길 수 있는지를 가르쳐 주는 것이라고 합니다. 처세술은 이제까지는 대개 직장인들이 성공하기 위해서 터득하려 하는 것이었습니다. 그런데 어린 아이들에게 다양한 경험의 기회를 제공하기보다 좀 더 편하게 남을 딛고 위에 올라서는 법을 가르쳐 주려는 사회 현상이 이렇게 나타나고 있다니 참으로 입맛이 씁쓸한 일이 아닐 수 없었습니다.

제가 만난 친구 송이는 곧 고등학교 3학년이 되는 아이입니다. 그 아이는 저에게 대뜸 "제 인생이 걱정됩니다."라고 말했습니다.

송이는 중학교 때는 곧잘 공부를 했지만 고등학교 올라온 이후로 내신 성적이 하위권을 벗어나지 못하고 있어서 고민하고 있었습니다. 모의고사를 봐도 성적은 여전히 엉망입니다. 지방에 있는 4년제 대학을 간신히 갈 수 있을까 말까 한 성적이지요.

한다고 열심히 했지만 성적은 여전히 나쁘기만 해서 실망한 나머지, 송이는 거의 자포자기를 한 상태였습니다. 스스로 머리가 나빠서 공부를 해 봐야 의미가 없다고, 어차피 이렇게 대학을 가 본들 뭘 하겠냐고, 삼류인생을 살 뿐이라고 스스로를 비웃기까지 했습니다. 하지만 속마음은 행복해지고 싶어 합니다. 그래서 마지막에 이렇게 물었습니다.

"공부 못하면 정말 아무런 희망도 없는 건가요? 공부 못하는 것이 자랑은 아니지만, 공부를 못해도 행복하게 살 수 있는 거잖아요!"

송이에게서 무엇부터 해야 할지 모르겠다는 답답함, 그리고 미래에 대한 불안감이 절실하게 느껴졌습니다. 남들은 차근차근 다 잘 해나가고 있는 것 같으니 더욱 그럴 테지요. 그리고 그 마음속에 숨겨져 있는 외로움을 느꼈습니다. 그래서 송이에게 "많은 친구들이 똑같은 고민을 하고 있단 다."라고 말해 주었습니다.

송이와 같은 고민은 송이만의 것도, 또 청소년만의 것도 아닙니다. 많은 어른들 또한 자신이 내는 성과에 대해서 고 민하고, 미래에 대한 불안으로 힘들어합니다. 하지만 그 고 민을 이겨 내는 것으로 자신만의 깊이를 더할 수 있게 되는 것입니다.

스트레스를 받은 아이들은 때로 폭발이라도 한 듯 이해 하기 어려운 곳을 튀기도 합니다. 얼마 전, 한 친구가 학교 에서 너무 놀란 일이 있었다며 이야기를 해 주었습니다. 야 간 자율 학습 시간에 갑자기 어디선가 쿵! 쿵! 하는 소리가 나서 보니, 창가 쪽에 앉아 있던 한 아이가 일어나서 유리창 을 머리로 들이박고 있더라는 것입니다. 평소에 말썽을 피 우는 아이도 아니었고, 성격도 좋고 친화력도 있어서 친구 도 무척 많은 아이라고 했습니다. 게다가 성적도 반에서 다 섯 손가락 안에 들 정도였다고 합니다. 한참을 들이박고 있 던 그 아이는 유리창이 "쨍그랑!" 하는 소리가 나며 깨지고 나서야 그만두었답니다. 제가 이 이야기를 한 친구에게 "왜 그랬을 것 같니?" 하고 물었더니 "계획한 만큼 공부가 안 되고 성적도 오르질 않으니까 자괴감에 그런 거 아닐까요? 자기를 채찍질하는 거라고나 할까?"라고 하더군요.

오랫동안 고등학교 3학년을 맡아온 선생님이 '나중에 가면 벽에 머리 찧는 녀석, 창밖으로 물건이며 의자 던지는 녀석, 주먹으로 유리창 깨는 녀석 등이 무수하게 나올 수 있다. 그렇게 되기 전에 알아서 스트레스 푸는 법을 스스로 익혀라. 미리 풀지 않으면 나중에 무슨 행동을 하게 될지 모른다. 스트레스는 남이 풀어 주긴 어려우니, 스스로 방법을 찾아야 할 것이다.'라는 요지의 이야기를 했다며, 자기도 걱정스럽다고 하더군요.

부모님은 부모님들대로 아이에게 스트레스를 주지 않으려고 하지만, 한편으로는 보고 있으면 안타깝고 초조한 마음이 들지요. 아이는 아이대로 미래에 대한 불안과 해도 발전이 없는 것 같은 자신 때문에 힘들어하기도 합니다.

입시는 인생을 살아가며 통과해야 하는 여러 관문 중에 처음 통과해야 하는 관문입니다. 경험해 본 사람들은 알 것입니다. 입시만으로 인생의 모든 것이 해결되는 것이 아니라는 것을, 이 관문을 무사하게 통과한 후에도 차분하게 다음 관문을 통과할 준비를 해야 한다는 것을요. 그러나 많은 부모님들은 첫 번째 관문인 대학입시를 전부로 생각하는 경향이 있습니다. 그래서 절대 실패할 수도 없고 실패해서는 안 되는 것으로 여깁니다. 마치 한 친구의 편지처럼 말입니다. "우리 부모님은 대학에 떨어지면 인생이 쓰레기통에 던져진다고 하세요."

그래서 이것만 해결되면 다른 것은 저절로 따라올 것처럼 생각합니다. 그렇기 때문에 수능에서 성적이 떨어지면 아이나 어른이나 정서적인 공황상태에 빠지게 되지요. 하지만 이럴 때일수록 여유를 갖고, 아이가 이 시기에 마음을 다치지 않도록 살펴줘야 다음을 도전하기 위한 힘을 얻게 됩니다.

자녀 가운데 아쉽게도 입시에 실패한 아이가 있을 수도 있습니다. 한 교육학자는 "작은 실패는 다른 큰 실패를 막아 준다."는 말을 했습니다. 이들의 실패를 인생에서 벌어질 수 있는 다른 큰 실패를 방지하는 작은 실수로 받아들이고 인생의 큰 교훈으로 삼는 자세가 필요할 것입니다.

선입관

【명사】
〔국어사전〕 어떤 대상에 대하여 이미 마음속에 가지고 있는 고정적인 관념이나 관점.
〔**청소년 사전**〕 찍고 나면 아무리 해도 안 바뀌는 꼰대들의 관념이나 관점.

"중학생 때, 저는 '노는 애'였습니다. 돈이 필요하면 그냥 애들한테 빌려 달라면서 돈도 뺏어 봤고요. 그런데 사실 저는 엄청 소심하거든요. 초등학교 친구들은 아마 저를 기억도 못할걸요? 너무 소심해서 항상 숨어 다녔으니까요."

그래요,
저 좀 놀았어요!

요즘 어른들과 사회에서 자주 오가는 말이 있습니다. 바로 학교 폭력입니다. 그렇다면 무엇이 학교 폭력일까요? 어떤 친구는 '일진'이라고 대답할 것입니다.

사람들의 논리는 이렇습니다.

첫째, 학교 폭력은 일진이 일으켰다. 둘째, 폭력을 일으킨 일진은 나쁜 아이들이다. 셋째, 학교 폭력을 없애려면 일진 아이들을 혼내 줘야 한다.

많은 사람들이 학교 폭력에 대해 이렇게 이야기 합니다.

최근 정부에서는 일진인 아이들의 수가 최소 20만에서 최대 40만 명은 될 것이라고 발표했습니다. 경찰은 일진 소탕에 나서겠다고 했지요. 학교 폭력을 일삼는 아이들을 강제 전학시키겠다, 학교 폭력 가해 기록을 학생기록부에 남기겠다, 일진경보를 발령하겠다는 이야기도 있지요.

하지만 과연 일진만의 탓일까요? 사전에 나와 있는 것처럼, 폭력은 그저 신체에 해를 가하는 행위만을 말하는 것은 아닐 것입니다. 욕설이나 모욕적인 말 등 언어로 가하는 폭력, 무시를 하고 따돌리는 것 역시 폭력일 수 있습니다. 규정을 어겼다는 이유로 학생의 머리카락을 밀어 버린 교사의 행동 그 역시 폭력입니다.

물론 청소년들 간의 학교 폭력은 무척 심각했습니다. 하지만 저는 그 이야기들이 어른들의 부정적인 시선 속에서 과장되고 왜곡된 것은 아닐까 하는 우려가 들기도 했습니다. 일부의 사정이 전체의 사정으로, 조그만 것이 아주 큰 것으로 부풀려진 것은 아닌지, 정작 청소년들은 그 속에서 또 다른 마음의 상처를 받으며 아파하고 있는 것은 아닐지요.

고등학교 1학년인 진원이는 한때 학교 폭력을 휘둘렀던 적이 있는 아이였습니다. 진원이 스스로도 자신은 '노는 애'라고 표현하기도 했지요. 돈이 필요할 때면 빌려달라는 말로 반 친구들한테서 돈을 빼앗기도 했습니다.

하지만 진원이는 이런 행동들이 사실은 자신이 내성적인

성격을 가리기 위한 방어체계였다고 말합니다. 초등학생 때 진원이는 너무 소심해서 늘 숨어다녔습니다. 그래서 늘 무시당하거나 친구들 사이에서 인식조차 제대로 되지 못한 채 6년을 보냈습니다. 그래서 중학교에서는 그렇게 생활하지 않으려고 애쓰다가 '노는 친구들'과 어울려 다니게 되었던 것입니다.

고등학생이 되면서 철이 든 진원이는 그동안의 생활을 반성하고 이제 공부를 하기로 결심했지요. 하지만 중학생 때의 행동이 이미 소문이 나 버렸는지, 반 아이들은 진원이를 피하고, '노는 애'들만 다가온다고 합니다.

진원이는 과거의 잘못을 깨닫고 변화하려고 했지만 주변의 선입관 때문에 변하지 못하고 겉돌고 있었습니다. 진원이가 변화할 마음을 먹고 용기를 낸 것은 참 대단한 일이지만, 과거의 잘못이 그렇게 순식간에 사라지지는 않습니다. 그렇기 때문에 저는 진원이와 같은 친구들에게 스스로 아이들에게 더 다가가고 먼저 말을 거는 시도를 멈추지 말아 달라고 말합니다. 그리고 동시에 이렇게 용기를 낸 아이들을 다시 품어줄 수 있는 용기가 나머지 친구들과 선생님, 부모님들에게도 있었으면 하고 바랍니다.

정수의 경우 역시 진원이와 비슷한 경우였습니다. 고등학교 1학년인 정수는 중학교 2학년 때부터 이미 담배도 피우고 가출도 여러 번 한, 이른바 문제 학생이었습니다. 하지만 고등학교에 들어가면서 다른 생활을 하기로 결심했습니다.

하지만 학교생활은 정수의 의도대로 흘러가지 않았습니다. 학기 초부터 담임선생님이 정수의 행동 하나하나를 지적하며 야단을 치기 시작했습니다. 머리 모양부터 발끝까지 다른 친구들이 하면 아무렇지 않은 일이 정수에게는 큰 잘못이 되어 돌아왔습니다. 시간이 지나면 달라질 거라고 생각했지만 그렇지 않았습니다. 열심히 노력하고 있는데, 여전히 문제아 취급을 당하니 이제 그런 노력을 다 그만두고 싶어졌습니다. 지금 자신이 하고 있는 일이 바보처럼 느껴지고, 아무도 알아주지 않는 노력들에 회의감마저 들었지요. 담배도 다시 피우게 되었고, 여전히 연락이 오는 예전 친구들도 다시 만나고 싶어졌습니다. 예전처럼 마음 편하게 되는 대로 살고 싶다는 생각마저도 들게 되었습니다.

이런 아픔을 가진 아이들은 정수만이 아닙니다. 한때의 잘못을 인정하고 고치려고 노력하는 친구들은 많이 있습니다. 하지만 때로는 그런 노력이 받아들여지지 않기도 합니다. 누구나 자신이 한 노력을 인정받길 원하지만 인정받는 데는 시간이 걸리지요. 그 과정에서 자포자기하고 예전으로 돌아가

버리는 경우도 있습니다. 하지만 그렇다면 그것은 당사자에게도 또 주변의 사람들에게 얼마나 안타까운 일인가요.

"어차피 알아주는 사람도 없어요. 예전처럼 애들이랑 몰려다니면서 되는 대로 살고, 돈이나 뺐고 그러고 다니고 싶네요. 그게 더 편하고 좋을 것 같아요. 열심히 노력해서 저를 다르게 만들고 싶었는데…… 뻘짓이었던 것 같아요."

저는 자신의 노력이 괜한 짓인 것 같다는 정수의 마음을, 그리고 또 정수와 비슷한 상황인 아이들의 마음을 이해할 수 있습니다. 하지만 그렇기 때문에 더욱 힘을 냈으면 하는 바람이 있습니다. 정수나 진원이는 고독하고 외로워서 친구를 사귀었지만 친구를 잘못 선택했던 것입니다. 그때의 실수와 잘못을 인정한 것만으로도 용감한 아이라고 말해 주고 싶습니다. 이 아이들의 선택도 지금부터 다시 시작입니다. 사람들의 부정적인 시선을 피하기가 어려워서 변화를 포기할 것인가, 여러 어려움마저 극복하려 애쓰며 새로운 자신을 찾을 것인가. 지금 어떤 선택을 하느냐가 남은 인생을 좌우합니다. 어떤 선택은 다시 어두움이 드리워지게 할 것이지만, 또 다른 선택은 과거를 극복하고 긍정적인 방향으로 이끌 것입니다. 이 친구들이 좋은 선택을 할 수 있도록 저를 비롯한 어른들이 함께 지지해 주어야 하겠습니다.

편(便)

【명사】
〔**국어사전**〕 여러 개의 무리로 나누었을 때, 그 하나하나의 무리.
〔**청소년 사전**〕 견디고 이겨낼 수 있는 힘의 근원.

"제가 가장 힘들었던 순간에, 아무에게도 의지할 수 없을 때, 믿을 수 있고, 무슨 일이 있어도 내 편이 되어 주고, 친구처럼 들어주고, 어느 때 찾아가도 나를 받아줄 수 있는 사람이 한 사람만 있어도 뭐든지 할 수 있을 것 같다는 생각을 한 적이 있어요. 바로 그 느낌을 신부님에게서 받았습니다."

믿어 주어서
이겨 낼 수 있었어요

얼마 전, 오랜 친구에게서 편지를 받았습니다. 제가 한 성당에서 보좌 신부로 있을 때 만났고, 이후에 바다 건너 공부를 하러 가 만나지 못했던 친구였습니다. 당시 고등학교를 다니던 두 자매가 자기 부모님과의 갈등을 상담하기 위해 찾아왔습니다. 두 자매는 자신들의 부모님이 친부모님이 아닌 것 같다고 했습니다. 어렸을 때부터 부모님의 객관적이고 냉정한 태도, 때로는 강압적이고 폭력적이기까지 한 행동에 받았던 상처가 깊었던 것입니다. 이런 가정의 분위기에 사춘기의 특별한 내적갈등까지 맞물려서 자신들의 존재 기반을 흔들어 놓았고, 어딘가에 털어놓을 필요가 있어 저를 찾아온 것이었습니다. 그렇게 두 사람과의 관계가 시작되어 서로 많은 이야기를 나누었지요. 저는 때때로 찾아오는 그 친구들을 환대하면서 짧지만 깊은 이야기들을 주고받았습니다. 그들은 자신들의 상처와 분노를 고스란히 표현했고, 기쁨과 갈망들도 쏟아 놓았습니다. 이렇게 이야기를 나누면서 우리는 우정을 맺게 되었습니다. 그때 저는 나이와 상관없이 친구가 될 수 있다는 것을 배웠습니다. 그 후 두 사람은 대학에 진학했고, 자신들이 원하는 삶을 살아갔습니다. 시간이 해결해 준 것인지, 아니면 그들 마음 안에서 화해가 되었는지, 그들은 이제 부모님과도 원만한 관계를 이루면서 살고 있다고 했습니다. 그 친구로부터 받은 편지에 이런 글이 있었습니다.

"제가 가장 힘들었던 순간에, 아무에게도 의지할 수 없을 때, 믿을 수 있고, 무슨 일이 있어도 내 편이 되어 주고, 친구처럼 들어 주고, 어느 때 찾아가도 나를 받아 줄 수 있는 사람이 한 사람만 있어도 뭐든지 할 수 있을 것 같다는 생각을 한 적이 있어요. 바로 그 느낌을 신부님에게서 받았습니다."

이 글은 저에게 최대의 찬사이며 기쁨을 주는 말이었습니다. 그 글을 읽던 제 가슴의 깊은 곳에서 '아, 내가 한 영혼을 도왔구나. 내가 내어 준 짧은 시간과 작은 관심이 그 친구의 터널 같은 캄캄한 어둠의 시절에 생기를 불어넣어 주었구나!' 하는 벅참이 느껴졌습니다. 그러면서 깨달은 것은 누구에게든지 자신이 신뢰받았던 작은 순간들이 있었다는 점이었습니다. 또 그 힘이 생명력이 된다는 것도요. 누군가 믿어 주고, 신뢰를 줄 때, 그것은 절망에서 사람을 일으키고, 생명을 준다는 사실을 새삼 깨닫게 되었습니다.

병약했던 어린 시절, 공부 잘하는 형제들에 비해 모든 것이 부족했던 제게 "어떤 일이든 네게 맡기면 안심이 돼."라는 한 수녀님의 말은 아직도 진주같은 보석으로 남아 있습니다.

그 친구는 편지의 마지막에, 이제는 자신이 다른 친구들에게 좋은 편이 되어 주고 있노라 했습니다. 친구들이 자기에게 고민을 털어놓는 것을 들으면서 자신이 그 옛날 하찮고 작은 일들을 일일이 나열하면서 이야기했을 때, 제가 얼마나 힘들었을까 생각한다고요. 그렇기에 친구들의 하찮은 이야기를 끈기 있게 들을 수 있다고요. 저는 이 편지를 청소년들에게 바친 제 작은 땀방울에 대한 감히 기대하지 않았던 보상으로 받아들입니다. 이 소중한 한 통의 편지를 계기로 저는 제가 준 것이 작은 신뢰였다면 그 친구가 저에게 준 것은 그보다 훨씬 값진 신뢰였다는 것을 고백합니다.

친구

【명사】

〔국어사전〕 가깝게 오래 사귄 사람.

〔청소년 사전〕 사귀기도 어렵고 유지하기는 더 어렵고 아차 하면 빼앗기는 인생의 중심에 있는 사람들.

"신부님, 저 연극 동아리에 가입했어요! 성격이 워낙 소심해서 고쳐 보려고요. 근데 거기서도 저만 혼자 앉아 있을 때가 많아요. 아무도 말을 안 걸고 혼자 멍 때리고 있으면, 저만 외톨이가 된 것 같아요."

제 주위에는
아무도 없어요

청소년기의 주요한 발달과업 중 하나는 자아존중감을 확립하는 것입니다. 자아존중감은 신체, 능력, 가족관계, 교우관계, 자신의 미래에 대한 전망 등 여러 요인이 통합되어 형성되는데, 그중 가장 강력한 영향을 미치는 요인이 바로 '또래집단의 수용 및 인기'입니다. 그만큼 청소년기에 또래 친구들과 관계를 맺고 우정을 쌓는 것은 매우 중요합니다. 그렇다면 어떻게 좋은 친구관계를 맺을 수 있을까요?

아이들도 이 친구 관계에 대해 늘 고민합니다. 마음이 잘 맞는 친구를 사귀고 친구들 사이에서 인정받을 때 아이들의 생활과 마음 상태는 안정적입니다. 그러나 친구를 사귀는

데 어려움을 겪게 되거나 친구 관계에 문제가 생기면 위축되고 생활과 마음이 불안정한 상태가 되지요.

막 고등학생이 된 지영이 역시 그런 문제를 갖고 있었습니다. 지영이는 원래 성격이 내성적인 편이고 목소리도 작았습니다. 설렘을 갖고 새로운 학교에 들어가 친구를 사귀려 했지만, 내성적인 성격 탓에 먼저 다가가지 못했습니다. 우물쭈물하고 있는 사이에 친구들 사이에서는 이미 무리가 생겨 버렸고, 지영이 주변에는 내성적이고 조용한 아이들만 남았습니다.

무리에 끼지 못했다는 생각에 자존심도 상하고 마음에 상처도 받은 지영이는 스스로 그런 성격을 고쳐 보고자, 연극반에 가입했습니다. 하지만 그곳에서도 마찬가지로 혼자 떨어져 있을 때가 많았습니다. 아무도 먼저 말을 걸어 주지 않아 혼자 멍하니 앉아 있다가 돌아오곤 했으니까요. 그렇게 외톨이가 된 기분에 우울하기도 하지만, 다른 것보다 앞으로 대학을 가고 사회생활을 할 때도 이러면 어쩌나 하는 걱정이 앞서서 공부마저 하기 힘들어 고민이라고 했습니다.

지영이와 같은 아이들을 우리는 주변에서 아주 많이, 또 자주 보게 됩니다. 친구를 사귀지 못해 힘들어하고, 혹시 따돌림을 당하고 있는 것은 아닐까 고민하지요. 그러다가 계

속 겉돌게 되기도 합니다. 그래서 지영이에게 제 경험을 이
야기해 주면서 지영이가 성격을 바꾸기 위해서 '연극반'에
들어갔다는 부분을 칭찬해 주었습니다. 스스로를 바꾸려는
시도를 했다는 것만으로도 이미 절반의 성공을 한 것이나
다름없기 때문입니다.

그리고 지영이에게 자신의 성격을 인정하고 긍정했으면
좋겠다는 이야기를 했습니다. 왜냐하면 '성격을 고친다'는
것은 기존의 성격, 즉 자신을 부정하고 싫어한다는 뜻이기
때문입니다. 저는 지영이가 활발하고 긍정적인 성격을 갖
기 위해 노력하는 것은 좋은 일이지만, 먼저 자신을 사랑하
는 것으로부터 출발했으면 좋겠다는 생각을 한 것이지요.
지영이는 자신만의 매력을 먼저 찾아야 합니다.

이 세상에 같은 사람은 하나도 없습니다. 얼굴도, 성격도,
생각을 표현하는 방법도, 친구를 사귀는 방법도 다 다릅니
다. 모두 나름의 독특한 모습이 있습니다. 내성적이고 목소
리가 작다는 것도 여러 가지 특징 중 하나일지도 모릅니다.
그것은 '좋다' 혹은 '나쁘다'라기보다는 '다르다'라고 표현될
수 있는 개성입니다. 무엇보다 중요한 것은 서로 다르다는
것을 인정하는 것입니다. 그러면 각자에게 있는 모습 그대
로를 받아들일 수 있게 되고, 또 그로 인해 서로에게 자신감

을 가져다주기 때문입니다. 여기에는 본인이 본인 스스로를 있는 그대로 받아들이는 것도 포함될 것입니다.

자신의 성격을 인정하고 나면 그 다음은 행동을 어떻게 할지 생각해 보는 것이 좋겠지요. 저는 사람을 대하는 데 있어서 가장 기본이 되는 것은 바로 '남이 나에게 해 주기 바라는 대로 내가 먼저 남에게 해 주는 것.'이라고 생각합니다. 이것은 성격이나 나이와는 상관없이 똑같을 것입니다. 어른이든 아이이든 사람을 사귀고 싶고 친해지고 싶으면 입장을 바꾸어 놓고 생각해 보면 되겠지요.

친해지고 싶기는 한데, 아직까지 친하게 지내지 못하고 있는 친구가 있다면, 그 친구가 어떻게 다가왔으면 좋겠는지 생각해 보길 바랍니다. 그러면 아마 금세 방법을 찾을 수 있을 것입니다. 상대가 자신에게 해 주었으면 하는 것을 상대에게 해 주면 됩니다. 그러면 분명 상대도 무척 기뻐할 것이라고 저는 믿습니다.

그 시작은 어떻게 보면 무척 어렵지만, 또 한 편으로 보면 쉬울 수 있습니다. 쉬는 시간에 먼저 친구의 자리에 가서 간단한 말 한 마디를 건네는 것으로도 시작될 수 있습니다. 청소년들에게 친구와 어떻게 말을 시작하고 사귀게 되었는지 물어본 적이 있습니다. 대개는 "오늘 체육시간에 뭐하는

　　　　　　　　　　　　　　　청소년 사전 | 학교

지 알아?"라든지 "매점에 새로운 과자가 나왔더라. 먹어 봤어?"처럼 대화를 시작하기에 부담 없는 이야기를 건넨다고 하더군요. 그러다 보면 자연스럽게 재미있는 이야기들을 나눌 수 있게 된다고 했습니다.

우리는 모두 타인과 다른 특징을 가지고 있습니다. 그런 특징을 긍정적으로 드러낸다면 분명 자신만의 인간적인 매력이 만들 수 있을 것이라고 생각합니다. 그래서 지영이와 같은 고민을 가지고 있는 친구들이 좀 더 자신감을 가지고 행동해 보았으면 합니다.

무리

【명사】

〔**국어사전**〕 사람이나 짐승 따위가 모여서 뭉친 한 동아리.

〔**청소년 사전**〕 끼면 즐겁지만 끼지 못하면 따가 될 수도 있는 위험한 공동체.

"제게 다가와 말을 걸었던 '명호'처럼, 혼자 앉아 있는 친구에게 다가가 이야기를 걸어주고 초대장을 내밀어 주면 얼마나 좋을까요? 분명 누군가의 인생이 바뀌게 될 것입니다."

혼자는 가끔,
둘은 때때로,
셋 이상은 언제나

신학기가 시작되면 아이들은 참 여러 가지 걱정을 합니다. 그 중에서 친구를 사귀는 것에 대한 고민이 많습니다. 새로운 환경에 적응하고, 새로운 친구를 사귀고 어울려서 어떤 무리에 속하는 것은 생각보다 스트레스를 많이 받는 일이지요. 비슷한 아이들끼리는 곧잘 어울리고 뭉칩니다만, 서로 다른 아이들은 섞이지 못하고 결국 겉돌게 되기도 합니다.

얼마 전 북악산 자락을 오르며 곳곳에 피어 있는 꽃들을 찬찬히 살펴보게 되었습니다. 흰색, 보라색, 노란색, 주황색. 색과 모양이 각기 다른 꽃들이 아름다운 하나의 풍경을 이루고 있었습니다. 그 순간 저의 머릿속은 '다름'에 대한 생각으로 가득차게 되었습니다.

자연의 다름은 모였을 때 아름다움을 만들어냅니다. 그렇지만 우리는 삶 안에서 다름을 마주하게 될 때에 미워하고 비난하고 아파하지요. 성격이나 성향이 나와 확연히 다른 친구들과 관계를 맺을 때에 우리는 상처를 주기도 하고, 받기도 합니다. 나의 개성은 인정받고 싶어 하면서 다른 사람들은 나에게 맞춰주기를 바라는 마음. 그런 마음 때문에 나와 비슷한 사람, 그리고 전혀 다른 사람을 구분 짓고 선을 그어 버리기도 합니다.

사실 어떤 친구들은 또래에 어울리지 못하고 겉돌다가 놀림감이 되기도 합니다. 얼마 전 한 친구의 이야기를 들었습니다. 이 친구는 아주 어릴 때 아버지를 따라서 미국으로 갔습니다. 그리고 초등학교 4학년까지 미국에서 학교를 다니다가 귀국하여 한국의 초등학교에 들어갔지요. 한국어발음이 마치 영어발음처럼 나와서 그런지 아이들은 그 친구를 '양키'라며 놀려댔다고 합니다. 학년이 바뀌어도 그 꼬리표는 떨어지지 않아서 아이가 너무 고통스러워한다고 했습니다. 그 아이의 부모님은 차라리 학교를 그만두게 하고 혼자 공부를 하게 하는 것이 더 나을 것 같다는 이야기를 덧붙였습니다. 곧 학년이 바뀌는데, 그때도 지금처럼 친구들의 놀

   청소년 사전 | 학교

림과 따돌림이 되풀이될까 봐 두렵다는 것입니다. 작은 배려와 마음만 있어도, 우리의 학창시절은 기쁘게 시작될 수 있을 텐데, 하는 아쉬움이 들었습니다.

저에게는 그런 배려가 있었습니다. 신학기가 시작되고도 한참동안 친구를 못 사귀고 있던 저에게 어느 날 한 친구가 다가왔습니다. 명호라는 친구였습니다. 그는 제게 "집이 어디야?"라고 물었습니다. 전날 같은 버스를 타고 집으로 갔는데, 그걸 기억하고 말을 붙인 모양이었습니다. 그러면서 앞으로 같이 다니자고 했습니다. 그 작은 질문이 저의 고등학교 시절을 바꾸었습니다. 이후, 저는 명호를 통해서 다른 친구들을 만날 수 있었고, 더 이상 혼자가 아니었습니다. 그때부터 화려하지는 않지만, 의미 있었던 고등학교 학창시절이 펼쳐졌습니다. 누군가 저에게 말을 걸었고, 그의 초대를 통해서 우정을 나눌 수 있었고, 그 우정은 오랜 추억을 만들수 있었습니다.

새로운 만남이 얼마나 소중한지를 그 뒤에야 깨달았습니다. 그것은 누군가의 삶을 송두리째 바꾸어 놓을 수 있는 '신선한 초대'이기 때문입니다. 제게 와 말을 걸었던 '명호'처럼, 혼자 앉아 있는 친구에게 다가가 이야기를 걸어주고 초대장을 내밀어 주면 얼마나 좋을까요? 그 초대가 분명 누군가의 인생을 바꿀 수 있을 것이기 때문입니다.

그리고 배려만큼 중요한 것이 또 하나 있다는 것을 잊지 말라고 말합니다. 그것이 바로 대화입니다. 하지만 중요한 것은 대화를 할 때 어떤 말을 어떻게 하느냐가 아니라, 어떤 자세로 상대방을 받아들이느냐 하는 것이지요. 친구에게 양보도 하고, 선물을 주는 것도 필요하고, 같이 노는 것도 중요합니다. 하지만 그것이 우정의 전부는 아닙니다. 물론 그런 방법이 도움이 될 수는 있습니다. 하지만 친구의 말을 들어주는 자세, 친구에게 배우고 무언가를 발견하려는 자세, 무엇보다도 자신을 열고 친구를 받아들이는 태도가 필요하다고 말합니다.

우정을 맺는 것은 참 힘든 일입니다. 그래서 저는 '우정은 모험이고, 예술이기도 하다.'라는 말을 자주 합니다. 이 예술은 언제나 진행 중이지요. 얼마나 많은 인내심과 노력이 필요한지 진행하는 중에는 결코 알 수 없는 법입니다. 참된 우정에는 즉흥적인 것이라고는 절대 있을 수 없음을, 항상 인내심과 노력을 가지고 있어야 함을 강조하지요.

친구에 대해서 말을 할 때면 자주 인용하는 라틴 격언이 있습니다.

"혼자는 가끔, 둘은 때때로, 셋 이상은 언제나"

　　너무 혼자 있거나 단짝 친구와 있기만을 고집하지 말고 많은 친구와 사귀는 것을 즐기라는 의미입니다. 어른이나 아이 모두 친구를 사귀다 보면 실수를 할 때도 있습니다. 친구를 소유하려고 하다가 소중한 친구들을 잃게 되기도 하고, 상대방의 이야기를 들으려고 하지도 않고 자기 이야기만 늘어놓기도 하지요. 또 어떤 때는 비겁한 침묵을 지키기도 합니다. 하지만 그렇다고 하여도 친구를, 우정 맺는 것을 포기할 수는 없는 일입니다. 만약 지금 제 앞에 우정으로 고민하는 친구가 있고, 오직 하나의 충고만 할 수 있다면 꼭 이 말을 해 주고 싶습니다.

　　"포기하지 마십시오. 다시 노력하십시오. 의사를 전달할 수 있는 통로를 열어 놓도록 하십시오. 삶에 있어서 최대의 실패는 그 실패 이후 다시 시도하지 않는 것입니다."

학교 폭력

【명사】
〔국어사전〕 학교를 중심으로 발생하는 폭력.
〔청소년 사전〕 학교 내에서 일어나는 일상.

"괜히 말했다가 엄마랑 아빠랑 싸우면 어떻게 해요? 어떻게 다니면 맞고 다니냐고 하면요? ㅠ.ㅠ 학교생활을 도대체 어떻게 하고 있는 거냐고 혼날 수도 있잖아요. 그냥 제가 조금만 참죠, 뭐. 곧 괜찮아질 거예요."

도와달라고
말하기 창피해요

청소년 폭력, 혹은 학교 폭력은 이제 낯선 일이 아닙니다. 20년 가까이 청소년들 곁에 있었던 덕분에 저는 무척 오래전부터 들어온 단어입니다. 하지만 대개는 언론에서나 보도되는 '청소년 폭력'이 자신에게 일어날 것이라고 생각하기는 어렵지요. 많은 부모님들이 실제로 우리 아이에게 그런 일이 일어날 리 없다고 생각하기도 하고, 청소년들 중에서도 그런 일은 일부 재수 없는 아이나 '노는 아이들' 사이에서만 일어난다고 생각하기도 합니다.

하지만 그 '재수 없는' 일이 자신에게 일어나게 되면 어떻게 될까요? 그런 일은 때로는 정말 재수 없게도 자신에 일어나기도 합니다. 이제 많은 부모님들이 내 아이가 학교 폭력의 '피해자'가 아닐까, 하는 생각에 앞서 '가해자'가 아닐까 하는 우려를 먼저 하게 된다고 합니다. 게다가 이런 학교 폭력 사건의 시작 연령이 어려지고 있는 것 역시 현실입니다.

제게 상담을 요청한 아이는 초등학교 6학년 여학생이었습니다. 학교에 있는 남학생들이 이 친구를 때리고 돈을 가져오라고 강요하고 있었습니다. 돈을 가져가지 않거나, 나오라는 연락을 무시하면 더 많이 맞았습니다. 그러다 코피가 나기도 하고 피멍이 들기도 했습니다. 견디다 못해 부모님께 상의를 했는데, 아버지는 오히려 "그땐 그렇게 싸우면서 크는 거야."라며, 오히려 이 친구가 엄살을 피운다고 말합니다.

사실 아이가 학교생활에 대해서 상담이라기보다는 '푸념'을 할 때, 많은 부모님들이 "우리 때는 그것보다 더 심했어."라든지 "다 그렇게 크는 거야."라고 대답하며 아이의 푸념을 흘려버리는 경우가 많을 것입니다. 하지만 요즘은 학교 폭력의 유형이 과거와 사뭇 달라졌습니다. 친구 사이에 싸움을 하는 것이 아니라, 학교 내에 폭력 집단이 존재하고, 그 집단 내부에도 확실한 계급이 나뉘어져 있는 경우가 많습니다. 실제로 폭력을 행사하는 아이가 있고, 그 위에는 폭력이나 갈취 등을 지시하는 계급이 있습니다. 또한 폭력만으로 그치지 않고 성상납, 금품 갈취, 흡연과 음주 강요, 폭력 그룹 가입 강요 등으로 이어지기도 합니다. 때문에 아이가 흘리는 작은 푸념이라도 그냥 흘려 넘기는 것은 위험할 수 있습니다.

청소년 폭력 예방 재단이 2006년부터 2009년까지 벌인 설문조사에 의하면 청소년 10명 중 1명 이상이 학교 폭력을 당했다고 합니다. 폭력의 수위도 점차 높아져 대구 중학생 자살 사건처럼 피해 학생이 괴롭힘을 견디다 못해 자살을 하는 사건까지 벌어지고 있는 상황입니다.

다른 문제없이 학교생활을 잘하고 있던 고등학교 1학년생 민수라는 아이를 상담을 통해 만날 수 있었습니다. 학교생활에 문제가 생긴 것은 민수네 반으로 한 아이가 전학을 오면서였습니다. 한 20일 정도 '소년원'에 있었던 아이였습니다. 그 후로 조용하게 지낸다 싶던 '노는 아이들'이 그 애를 중심으로 뭉쳤고, 다른 반 아이들까지 모여 30명 정도가 그룹을 이루게 되었습니다.

처음에는 별다른 대상 없이 쉬는 시간이나 수업 시간에 아이들을 윽박지르고 자기들끼리 노는 것으로 분위기를 흐리는 정도였습니다만, 언젠가부터 타깃을 찾던 그 아이들은 민수를 희생양으로 정해 버렸습니다. 시간과 장소를 가리지 않고 민수와 민수 가족에게 폭언을 퍼붓고 모욕적인 비난을 했습니다. 원색적인 비난을 참기가 어렵지만, 만약 누구와라도 한 번 주먹이 오가고 나면 30명의 아이들 모두를 상대해야 할 것 같아서 민수는 묵묵히 모욕을 참고 있었습니다. 다만 시간이 지날수록 그 그룹 아이들이 아닌 다른 반 아이들까지 민수를 우습게 보는 것 같은 기분이 민수를 더욱 힘들게 한다고 했습니다.

민수와 같은 입장에 놓이게 되면 호신술 같은 것을 배워서 부딪쳐 볼 생각을 하는 아이들이 있습니다. 하지만 그런 방식으로는 근본적인 문제가 해결되기 어려운 경우가 많습니다. 민수의 경우는 아직은 언어적 폭력에 머물러 있지만 신체적 가해, 협박 등으로 이어질 가능성은 충분히 있습니다. 그리고 폭력의 강도가 증가할 경우, 당연히 스트레스의 강도 역시 높아지게 됩니다. 어떤 경우에는 등교 자체가 스트레스가 되고 두려움의 대상이 되는 경우도 있습니다. 수완이처럼 말입니다.

고등학교 1학년 남학생인 수완이는 신체적 폭력과 협박에 시달리고 있습니다. 그 전까지 수완이는 보통 아이들처럼 학교 열심히 다니고, 학원에 갔다 집으로 가는 아이였습니다. 체육도 잘하고 덩치도 아주 작지는 않습니다. 그런데 얼마 전 친구와 집으로 가다가 한 무리의 아이들을 만났습니다. 비슷한 또래인 것 같았지만 일면식도 없는 아이들이었습니다. 그 아이들은 "돈이 없어서 게임 머니를 못 샀거든. 돈 좀 빌려 주라."라고 아무렇지도 않게 돈을 요구했습니다. 수완이와 친구는 조금 겁을 먹기도 했지만, 일단 '빌려' 달라고 하는 거니까 괜찮겠다고 생각해 꼭 갚으라고 말하고 그 아이들에게 돈을 빌려 주었습니다. 그런데 수완이의 말에 그 아이들은 피식 웃기만 하더니 다음에 또 보자며 사라졌습니다.

다음 날, 그 아이들은 다시 수완이에게 돈을 요구했고, 거절한 수완이는 무참할 정도로 맞았습니다. 수완이는 도대체 왜 맞아야 했는지 알 수가 없었습니다. 아픈 것보다는 자존심이 너무 상하고, 어떻게 해야 할지 엄두도 나지 않아서 학교 자체를 가고 싶지 않다고 했습니다.

유사한 사례는 많이 찾아볼 수 있습니다. 제게 상담을 요청한 다른 아이는 처음에는 수완이처럼 돈만 빼앗겼습니다. 그런데 불행하게도 폭력 학생들과 같은 반에 배정되고 말았습니다. 그리고 부모님이나 선생님의 도움을 받지 못한 채, '폭력'과 '상납'의 희생양이 되었습니다. 결국 그 친구는 폭력 학생들에게 '착취의 대상'으로 굳어지고 말았습니다. 학교 폭력 피해자의 경우, '담배'나 '술', '본드'를 강요당하는 경우가 종종 있습니다. 이 친구 역시 협박 때문에 자기 손으로 사온 니스와 본드를 흡입하고 싶지 않으면서도 하게 되었고, 지금은 중독 증세를 보이고 있다고 했습니다. 그 아이들에게서 벗어나고 싶지만 어떻게 해야 할지 모르겠다고, 도와달라고 했습니다.

학교 폭력에 노출되었을 때, 부모님이나 선생님께 상담하는 아이의 수는 무척 적습니다. 왜 상황을 알리고 상의하지 않을까요? 첫째가 일이 커질까 봐, 둘째가 해결이 안 될 것 같아서, 셋째가 부모님이 걱정할까 봐, 넷째가 자존심이 상해서, 그리고 보복이 두려워서라고 합니다.

제게 상담을 신청한 성남이는 학교 폭력을 당하고, 또 다른 친구들이 당하는 것을 보고 익명투서를 하여 도움을 신청했습니다. 문제는 투서한 다음날 바로 선생님들이 눈에 띄게 개입하면서 커졌습니다. 폭력을 휘두른 친구들이 모두 불려갔고, 퇴학여부가 논의되었습니다. 불려갔다 돌아온 아이들은 "누군지 걸리기만 하면 죽을 줄 알아라. 누구인지 밝혀지면 때려 죽인다. 아가리 박살낸다."라며 협박을 했습니다. 성남이는 그 협박이 자신에게 향하고 있는 것만 같아서 불안하다고 했습니다. 그리고 그 아이들과 만약 학교에서 계속 같이 지내게 된다면 얼마나 지옥이 될지 상상도 할 수 없다며 괜히 투서를 한 것 같다는 생각도 든다고 했습니다.

성남이의 경우에는 투서를 해서 어떤 식으로든 상황이 바뀌고 있지만, 때로는 상담을 하거나 신고를 해도 효과가 없을 수도 있습니다. 하지만 저는 빨리 도움을 요청하는 것이 중요하다고 이야기합니다. 상황을 실제적으로 해결할 수 있는 사람은 다른 누구도 아닌 선생님과 부모님이기 때문입니다. 그래서 결과를 속단하거나 자존심 상한다고 생각하지 말고, 도움을 요청하라고 말합니다.

물론 아이들에게 부모님과 상의하는 일은 어렵고 망설여지는 일일 것입니다. 아이들은 부모님과 상의하기 전에 '참고 견디면 지나갈 수 있는 일일지도 모르는데, 괜히 일을 크게 만드는 것은 아닐까?' 하는 걱정을 하기도 하고, 이제 나이도 먹을 만큼 먹었는데 어떻게 그런 약한 소리를 하나, 하는 생각을 하기도 합니다. 또 어차피 말해 봐야 소용없다고 자포자기해 버리는 경우도 있습니다. 괜히 말했다가 어설프게 건드려서 보복 당할지도 모르겠다 생각도 하지요. 그리고 많은 학생들이 걱정하는 것처럼 선생님의 상담이나 훈계로 상황이 해결되지 않을 때가 있을 것입니다. 그럴 때 선택할 수 있는 다른 방법에 '전학'이 있기는 합니다. 하지만 학교 폭력이 오랫동안 지속되면 불행히도 학생 간에 착취와 피착취의 관계가 굳어지게 되는 경우가 많습니다. 그런 경우에는 전학을 가더라도 소문이 따라 붙어 전학을 간 곳에서도 어려움을 겪는 예를 본 적이 있습니다.

실제로 많은 아이들이 학교 폭력을 오랫동안 혼자 견디다 부모님에게 '들키거나', 참을 수 없는 상태가 되어서야 상담을 하는 것이 대부분입니다.

하지만 그때는 이미 많이 늦은 상태입니다. 피해 학생은 정신적으로도 상처를 많이 받아 외상 후 스트레스 장애와 우울증 등을 겪게 되어 정신과 상담을 받아야 하는 경우도 많으며, 전학을 가도 새로운 학교에서도 학교 폭력 희생자였다는 소문이 퍼져서 힘들어하는 경우가 많습니다.

학교 폭력에 시달리면서도 어떻게든 혼자서 해결하려고 애쓰는 아이들에게 저는 이야기 합니다. 모든 것은 때가 있다고, 상처가 더 깊어지기 전에 빨리 누군가의 도움을 받아야 한다고요. 두려워서 머뭇거리다가, 주저하다가 때를 놓치는 것보다 더 큰 위험은 없을 것이라고요.

도움을 요청하는 것은, 상담을 하거나 선생님에게 알리는 것은 결코 비겁한 일도 약한 모습을 보이는 것도 아니라고요. 오히려 그것은 더 용감한 일일지도 모릅니다. 혹시라도 그런 어려움에 있는 친구가 있다면 지금 당장이라도 도움을 청하길 바랍니다.

왕따

【명사】
〔국어사전〕 따돌리는 일. 또는 따돌림을 당하는 사람.
〔청소년 사전〕 언제 당할지 모르므로 늘 조심 또 조심해야 하는 일.

"저는요, 흔히들 말하는 '따'입니다. 애들이랑 친하게 지내고 싶은데, 제가 지나가기만 해도 '재수 없어!'라고 해요. 게다가 셤을 못 보면 전부 다 제 탓을 해요. '너 때문에 셤 망쳤잖아. 아! 완전 재수 없어!'라고……. 조금이라도 웃으면서 이야기하면 툭 치고 지나가면서 '야. 그만 좀 나대. 완전 빡치네.'래요. 제가 뭘 잘못한 거죠?"

내가 뭘 그렇게
잘못했어요?

얼마 전, 한 친구로부터 편지를 받은 적이 있습니다. 자신의 이야기를 친구처럼 들어 주어서 고맙다며, 주변에 친구가 꽤 많이 있지만 고민을 들어 주고 비밀을 지켜 줄 친구, 절대적인 믿음이 가는 친구가 없다고 했습니다.

언제부터인가 공포영화나 괴담의 주인공에 친구가 등장하기 시작했습니다. 같은 반, 같은 무리, 같은 동아리 속의 동료들 중에 꼭 가해자가 있지요. 사회학자들은 이런 청소년의 심리 속에 친근하고 우정 어린 친구 관계보다는 경쟁적이고 때로는 해를 입히는 존재로서의 친구 관계 상이 자리잡고 있다고 말하고 있습니다. 친구 관계가 입시나 사회의 다른 여러 요인으로 인해 파괴되고 있다는 것입니다.

서울 시내의 초중고생의 50퍼센트 이상이 친구를 따돌려 본 적이 있다는 설문 조사 결과를 본 적이 있습니다. 왜 친구를 따돌리는지를 물었더니 "잘난 척, 친구를 피곤하게 하는 것, 먹을 것 가지고 치사하게 구는 것, 사람 무시하는 것, 이간질, 비밀을 지키지 않을 때." 등이 있었습니다.

요새는 마음에 그냥 들지 않는다고 따돌리고, 동기나 후배들을 선동해서 집단 구타를 행하는 '감정빵', 음주나 흡연을 강요하는 일, 돈을 빼앗는 일, 졸업식에 맞추어 선배와 후배 사이에 폭력이 오가는 '졸업빵' 등의 말이 있습니다. 그리고 오랫동안 쓰인 '따', '왕따'라는 말이 있지요. 저에게 자신이 '따'라고 말하며 편지를 보내온 친구가 있었습니다.

중학교 2학년생인 지현이는 이유를 알 수 없는 언어적 폭행과 신체적 폭행에 시달리고 있었습니다. 반 아이들이 지현이에게 가혹할 정도로 잔인한 말을 하고, 자신의 성적이 떨어지거나 무언가 좋지 않은 일이 생기면 이유를 불문하고 모든 것을 지현이 탓으로 돌렸습니다. 복도를 지나갈 때나 교실에 앉아 있을 때에도 지나가면서 지현이를 툭툭 때리는 친구들도 있었습니다. 지현이는 저에게 물었습니다.

"제가 무엇을 그렇게 잘못한 거죠?"

저는 모든 사람이 한 사람으로서, 또 청소년으로서, 자기 삶의 주인이며 인격체로서 존중받을 권리가 있다고 생각합니다. 이 세상에 태어난 것 그 자체만으로도 충분히 행복할 이유가 있습니다. 만약 학교에서, 혹은 학원에서 어떤 이유를 대서든 누군가를 탓하고 괴롭힌다면 그것은 결코 피해자의 잘못이 아닙니다. 자기 행동의 결과를 다른 사람에게 떠넘기려는 그 가해자들이야말로 진정 비겁하고 잘못된 행동을 하고 있는 것입니다. '따'라는 것은 사람이 만들어놓은 덫일 뿐입니다. 그래서 따돌림을 당하고 있는 아이들에게 두려워하지 말라고 말해 주고 싶습니다. 설사 그 덫에 걸려 넘어지고 고통 받았다 하더라도 분연히 일어서서 툴툴 털어 버리길 바랍니다. 비록 그것이 어려운 일이라 할지라도 말입니다.

선천성 심장판막증을 앓던 한 아이를 1년여에 걸쳐 집단으로 괴롭히고 폭행했던 가해학생 5명이 구속된 사건을 본 적이 있습니다. 그들은 피해학생이 괴로워하는 모습을 보면 재미있고 우스웠다고 진술했습니다. 이런 상황을 어떻게 설명해야 좋을까요?

이제는 우리 모두가 '왕따'라는 말에 익숙해져 버렸습니다. 한 사람을 집단으로 따돌리고 괴롭혀 만족감을 얻는 이 잘못된 일이 우리 학교와 사회에 뿌리를 내려 버렸습니다.

전 세계적으로 집단 괴롭힘이 학생들 사이를 떠돌고 있습니다. 일본의 한 신문에 의하면 학교 행사가 있어, 강당에 모여 있던 학생들이 한 아이를 번갈아 때렸는데, 그 아이는 12명에게 10분 동안 무려 120회를 맞았다고 합니다. 5초에 한 번꼴로 10분 동안 매를 맞은 것입니다. 미국에서는 학생의 30퍼센트 이상이 폭력의 위협 때문에 학교를 빠진 적이 있고, 12퍼센트는 자신을 지키기 위한 무기를 갖고 다닌다고 합니다.

누구든지 좋고 싫은 것을 선택할 자유가 있습니다. 그러나 자신의 자유로움이 다른 사람의 자유나 행복을 파괴한다면, 그것은 자유가 아닌 '죄'가 됩니다. 폭력도 마찬가지입니다. 때리거나 발로 차는 물리적 폭력뿐 아니라 말이나 또 다른 압력으로 타인을 해치는 것은 자유로움이 아니라 잔인함이며, 지속적이고 반복적인 폭행은 피해자와 가해자 모두를 파괴시키는 무서운 범죄라고 할 수 있습니다. 한 아이를 왕따시키는 것은 순간적인 우월감을 즐겨 보려는 얄팍한 시도이며 집단의 테두리 안에서 책임을 면해 보려는 비겁함일 뿐입니다. 이러한 유혹과 비겁함을 이겨 내고 물리치는 것이야말로 진정한 강인함일 것입니다.

한 친구가 저에게 들려 준 이야기 중의 한 토막입니다.

"친구들이 따돌리는데, 정말 학교 가기가 싫어요. 전학가고 싶어요. 때로는 그냥 죽어 버리고 싶기도 해요."

이 친구는 지금 심한 우울증 때문에 정신과 치료를 받고 있습니다. 마음 아픈 이야기입니다. 이 아이를 위로해 줄 친구가 한 사람만 있었다면, 이렇게까지는 되지 않았을 텐데 말입니다. 친구들과 함께 했던 장난스런 따돌림 혹은 조직적인 따돌림이 한 사람의 마음에 씻을 수 없는 상처를 준다는 것을 그 아이들은 알고나 있을까요!

저는 아이들에게 따돌림에 대해서 한 가지 분명하게 말하는 것이 있습니다. 친구를 따돌린다면 그 따돌림은 언제가 될지는 몰라는 꼭 돌려받게 된다는 것입니다. 왜냐하면 그런 분위기, 환경은 누구에게나 예외없이 적용되기 때문입니다. 따돌림 하는 것에 대해 '적당한' 이유를 찾으려는 사람들이 있습니다. 하지만 누군가를 따돌리고 괴롭히는 데 '적당한' 이유 같은 것은 있을 수 없다는 것을 저는 분명히 하고 싶습니다. '참된 친구란, 결점과 부족함, 상처를 알면서도 그를 받아주는 것'이라는 말이 있습니다. 만약 친구의 결점이 너무 커서 친구가 될 수 없다고 생각한다면, 적어도 그를 자신과는 '다른' 성향을 지닌 한 사람으로서 존중해 줄 수 있기를 바랍니다.

자살

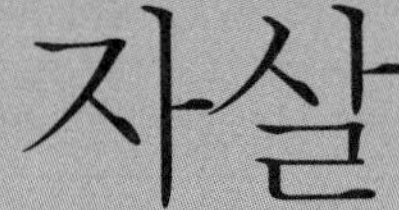

【명사】
〔국어사전〕 자신의 목숨을 스스로 끊음.
〔청소년 사전〕 주변 사람들에게는 미안하지만 감당할 수 없는 상황일 때 선택하는 최후의 수단.

"내 편은 아무도 없다. 내가 죽으면 이 복잡한 것들이 다 해결되겠지."

이걸로 다 해결될 수 있겠지요?

저는 1995년 1월에 신문에서 읽은 한 아이의 마지막을 여전히 기억하고 있습니다. 그 아이는 "사는 것이 너무 힘들어. 이젠 편하게 쉬고 싶어."라는 말이 적힌 유서를 남기고 아파트에서 몸을 던졌습니다. 중학교 때까지는 큰 문제없이 학교생활을 했지만, 고등학교에 들어가면서부터 학교 폭력의 피해자가 되었습니다. 운동화를 빼앗겨 맨발로 집에 들어온 날도 있었고, 온몸에 멍이 든 채 다리가 아파 계단을 오르지 못할 정도로 맞고 돌아오기도 했습니다. 부모님에게나 학교에 알리면 집에 불을 지르고 죽여 버리겠다는 협박에 말을 할 수도 없었습니다. 결국 그 아이는 고통을 견디지 못하고 스스로 목숨을 끊었습니다.

만성이 되었다고 표현하는 것마저 가슴이 아프지만, 학교 폭력과 따돌림은 이제 뉴스의 단골기사가 되어 버렸습니다. 때로는 폭력과 따돌림이 자살이라는 돌이킬 수 없는 결과로 이어지기도 합니다. 스스로의 목숨을 끊는 것은 참으로 고통스러운 일입니다. 사랑하는 부모님과 앞으로 있을 미래를 떠올린다면 누군들 세상을 떠나고 싶겠습니까. 하지만 고통스러운 상황을 벗어나기가 너무도 어렵고, 벗어날 방법을 찾을 수 없다고 느낄 때, 아이들은 그런 선택을 합니다. 2011년 청소년 상담전화 건수 중 40퍼센트 정도가 자살 상담 전화였다고 했습니다. 정부에서는 부랴부랴 자살예방에 예산을 편성하기도 했습니다. 하지만 청소년 자살의 문제는 단순히 한두 가지를 해결한다고 되는 것이 아닙니다.

우리는 사랑한다고 하면서도 사실은 사랑하는 마음을 다 표현하지 못하고, 사랑하면서도 사랑하는 사람의 마음을 다 읽지는 못합니다. 그렇기 때문에 결국 대화하고 아픔을 이야기하라고 권하게 되는 것입니다.

그리고 만약 잠시라도 자살을 생각하는 친구가 있다면 꼭 이야기해 주고 싶습니다.

먼저 사랑받았던 기억과 자신을 사랑해 주는 사람들을 떠올려 보라고 말입니다. 주변에는 힘들게 하는 사람들만 있지 않다는 것도 이미 알고 있고, 손을 내밀어 도움을 청하기 미안해서 할 수 없다고, 그동안 받은 사랑도 많은데 또 의지하려니 힘들게 하는 것 같아서 미안하다고 생각할 수도 있습니다. 하지만 그만두는 것보다는 의지하는 것이, 의지해서 살아내는 것이 낫습니다.

이렇게 글로 쓰고 말로 하는 것은 쉽지만 고통스러운 현실을 겪어야 하는 친구들은 몇 배로 힘들 것을 압니다. 하지만 숨을 크게 들이마셨다 내쉬고 냉정하게 생각해 보았으면 합니다. 자살은 해결하는 것 아니라 포기하는 것이라는 것을 말입니다.

자살의 직접적인 원인은 학업 및 진학 실패, 실연, 부모의 이혼 등이지만, 실제 원인은 청소년 스스로 스트레스에 대처하는 능력을 갖지 못해 결국 자살만이 유일한 해결책이라고 생각하는 데에 있습니다. 또한 대인 관계의 문제, 특히 부모와의 관계가 원만하지 않아 대화가 단절되어 정신적으로 의지할 곳을 찾지 못할 때 자살이라는 극단적인 행동을 취하게 됩니다.

보통 청소년기의 자살기도는 살고 싶은 의욕을 잃어 죽기를 원하는 첫 번째 경우와 극도의 좌절상태에서 주변에 도움을 청하고 관심을 끌기 위한 방편인 두 번째 경우, 그리고 두 가지가 혼합된 경우, 세 가지로 나누어 볼 수 있습니다. 이 중에서 두 번째와 세 번째의 경우가 훨씬 빈번하여 자살 기도자 대비 실제 자살자의 비율은 약 100대 1 정도로 나타납니다. 이것은 곧 우리의 아이들이 도움을 얻기 위한 처절한 울부짖음으로 자살을 기도하고 있으며, 이것이 자칫 돌이킬 수 없는 죽음으로 이어질 수도 있다는 것을 보여줍니다.

그렇다면 부모님과 주변 사람들은 어떻게 아이들의 극단적인 선택을 미리 예견하고 조치를 취할 수 있을까요? 그것은 부모님과 주변 사람들의 '관심'을 통해 가능합니다. 자살 기도에 앞서 흔히 나타나는 전조 행동이 있습니다. 자살은 우울과 밀접한 관계가 있기 때문에 우울감, 좌절감, 불안감에 시달리거나 식욕부진 혹은 수면장애 등에 시달리고 있지는 않은지 확인할 필요가 있습니다. 또 점진적으로 대인관계를 멀리하고 고립되어갈 때 특별히 주의 깊게 살펴야 합니다. 보통 자살기도를 하는 아이들은 자신과 밀접하고 중요한 사람인 가족 및 친구들과 대화가 단절됩니다. 따라서 그 마음상태를 살피는 것을 놓치기 쉽습니다. 자살을 기도하는 사람은 대부분 죽음, 내세, 자살 등에 관한 이야기를 통해 자살기도에 대한 암시를 드러내므로 잘 감지해야 합니다.

특별히 과거에 실제 자살을 기도한 전력이 있다면 더욱 수시로 대화를 통해 마음을 읽어 내려는 노력을 해야 합니다.

위와 같은 위험 신호를 감지하게 되면 특별한 주의가 필요합니다. 먼저 그 신호를 무시하지 않고 아이의 행동과 동태를 세심하게 지켜봐야 합니다. 그리고 개인상담을 통해 아이가 당면한 문제를 따뜻하고 사려 깊은 태도로 돌봐 주는 것도 중요합니다. 또한 문제의 원인이 가족관계에 있다면 가족상담을 통해 가족이 함께 전문가의 도움을 받는 것이 좋습니다.

죽음이라는 최종적인 선택을 하기까지 고통스러울 아이들을 생각하면 가슴이 아픕니다. 그러나 따뜻하고 사려 깊은 태도로 함께 고비를 넘겨 줄 부모님과 친구들이 있다면 자살을 기도하는 아이들의 마음은 치유될 것입니다. 자살을 기도한다는 것이 도움을 얻기 위한 처절한 울부짖음이라는 사실을 우리 모두 잊지 않으며, 우리의 관심과 사랑이 아파하는 아이들에게 버팀목이 될 수 있기를 바랍니다.

선생

【명사】

〔국어사전〕 학생을 가르치는 사람.
〔청소년 사전〕 때로는 존재 이유를 모르겠는 사람.

"교문을 들어서면 거의 무의식적으로 숨이 막힌다. 머리부터 발끝까지 이상한 갑옷으로 나를 가리고 지퍼를 끝까지 올려 버린 듯한 갑갑함. 그것이 교문을 들어설 때 드는 정직한 내 느낌이다."

존경하고
실망스럽고
밉지만
그래도……

"야, 오늘 우리 반에서 영어가 갑자기 신경질 부리더니 떠든다고 몇 명 잡더라. 걔 요새 기분 왜 그래?"

"진짜냐? 그 여자 요즘 왜 그러냐?"

위의 대화에서 "영어", "걔", "그 여자"는 영어 선생님이라는 동일 인물을 가리키고 있습니다. 이 대화 속에는 화제의 대상인 영어 선생님에 대한 어떤 존경심이라든가 애정 같은 것은 전혀 포함되어 있지 않습니다. 단지 이 영어선생님은 별다른 이유가 없는데도 괜히 신경질을 부리며 학생들을 때리는, 이해할 수 없는 존재일 뿐입니다.

스승님의 그림자도 밟지 않게 조심한다거나, 군사부일체

라는 둥 하는 말은 먼 옛날의 전설일 뿐입니다. 사람들은 이럴 때면 '요즘 애들'은 어른을 공경할 줄 모르고, 말버릇도 나쁘다고 단정해 버릴지도 모르겠습니다. 하지만 더 그보다는 학생과 선생님 사이의 간극이 그만큼 심각하게 벌어져 있다는 뜻은 아닌지 생각해 보아야 할 것입니다.

예전에 본 한 설문 조사를 보면, 70퍼센트 정도의 학생이 "학교 선생님들 중에는 훌륭한 분들이 많다."라는 항목에 대해 긍정적으로 답했지만, 초등학생일 때 90퍼센트 이상의 학생이 그렇다고 답했던 것에 반해 고등학생들은 60퍼센트 정도의 학생만이 긍정했습니다. 학교에서 오래 생활하면 할수록 학생들이 선생님에 대해서 부정적으로 생각하고, 선생님과 학생들 사이에 갈등 및 간극이 심화된다는 것을 설문조사를 통해서도 알 수 있습니다.

성적만으로 사람을 평가한다든지, 공정치 못한 체벌을 가한다든지, 노골적으로 편애를 한다든지, 가끔 매스컴에 오르내리는 촌지의 문제라든지 하는, 학생의 입장에서 보는 선생님을 가까이 할 수 없는 부정적인 면들은 참으로 많습니다. 그 중에서도 가장 근본적인 문제는 무관심일 것입니다.

학교 교실 안에서 한 학생이 흉기로 다른 학생을 찔러서 죽게 했던 사건을 기억하는 사람이 있을까요? 숨진 학생은

이 사건에서는 피해자였지만, 그 전에는 오랫동안 학교 폭력을 휘두르고 금품을 갈취해왔습니다. 또한 이 사건에서는 가해자였던 학생은 오랜 시간 친구들이 억압당하고 고통받는 것을 봐야 했습니다. 더욱 충격적인 것은 이 학생들의 '착취와 피착취' 관계는 중학교에서부터 고등학교까지 무려 5년간 같은 반을 하면서 이어졌는데, 이를 선생님들은 전혀 몰랐다는 것입니다.

우리나라 중고등학교 학생들에게 학교는 집에서 잠자는 시간을 빼면 거의 생활의 전부라고 할 수 있을 만큼 큰 비중을 차지하고 있습니다. 그러니 여기서 선생님과의 '관계'가 중요하다는 것은 굳이 강조할 필요가 없을 것입니다. 그러나 대부분의 학생들은 "선생님과의 관계요? 글쎄요. 관계라고 할 것도 없어요. 그냥 수업 듣고, 되도록 찍히지 않게 조심하는 거죠, 뭐."라고 말합니다. 그만큼 서로가 서로에게 관심을 가지지 않고, 서로를 인간으로서 존중하려고 하지조차 않는 것입니다. 이것은 선생님과 학생, 쌍방 간에 모두 일어나고 있는 일입니다. 왜냐하면 선생님들 역시 학생들과 동일한 공간에서 생활하며 동일한 환경에 노출되어 있기 때문입니다.

아이들만 선생님과 학생 간의 관계 안에서 상처를 받는

것이 아님을 다음 이야기를 통해 알 수 있습니다. 한 친구의 학교에 있는 음악선생님에 관한 이야기였습니다. 살짝 들창코인 선생님의 코에 대해서 아이들은 온갖 소문을 만들어 내며 떠들었습니다. 그 중에서도 가장 인기가 있었던 소문은 성형 수술과 관련된 소문이었지요. 성형을 했다가 실패해서 그런 흉한 모습이 되었다는 거였습니다. 심지어 어떤 아이들은 선생님 앞에서 "싼 데서 수술했나 봐?"라는 말을 서슴지 않고 해댔습니다. 어느 날 음악시간, 수업 중에 한 남학생이 "선생님, 진짜 코 수술하셨어요?" 하고 물었답니다. 잠시 후, 선생님은 담담한 목소리로 대답했습니다.

"솔직히 나도 내 코가 예쁘지 않다고 생각해. 내 나름대로 콤플렉스이기도 하고. 그렇지만 한 사람의 생김새로 이런저런 이야기를 하거나, 특히 당사자가 상처받을 만한 발언은 하지 않아야겠지. 누군가 자신이 콤플렉스를 안 좋게 소문내고 다닌다고 한다면 그 상처는 말로 표현할 수가 없겠지?"

선생님의 진심이 통한 것인지, 후에 아이들은 죄송하다는 말을 전했고, 선생님은 웃으면서 괜찮다고 해 주었다고 합니다. 선생님의 솔직한 표현으로 상황은 잘 마무리 되었지만 이 선생님이 받았을 상처는 무척 컸을 것입니다. 이렇게 아이들과 선생님들은 학교라는 공간에는 동일하게 상처받고 힘들어합니다. 아래는 한 선생님이 학교와 교실, 학생들에 대해 가지고 있는 자신의 솔직한 마음을 글로 옮긴 것입니다.

"나는 교문을 들어서면 거의 무의식적으로 숨이 막힌다. 머리부터 발끝까지 이상한 갑옷으로 나를 가리고 지퍼를 끝까지 올려 버린 듯한 갑갑함. 그것이 교문을 들어설 때 드는 정직한 내 느낌이다. 그리고 수업 종이 치고 교실로 향하는 내 발걸음은 언제부터인가 무겁게 내려앉고 말았다. 교실 팻말이 보이면 심호흡을 하고 문을 열기 전에 기도하는 심정이 된다. 제발 이 시간에 화를 내지 않기를. 아이들을 미워하지 않기를……."

무관심에서 촉발된 학생과 선생님 모두를 상처 입히는 문제는 선생님 개인과 학생 개인의 문제 외에 복잡한 제도상의 문제가 얽혀 있습니다. 수십 명의 학생들과 한 명의 선생님이 '관계'를 맺도록 되어 있는 상황에서, 학생과 선생님이 친밀하다면 그것이 오히려 이상한 일일 것입니다. 그러다 보니 자연히 중고등학교는 대학에 가기 위한 정거장쯤으로 취급되는 세태가 만들어지게 되었습니다. 그러나 이러한 구조적인 문제 이외에 가장 문제가 되는 것은 학생들이 선생님에 대한 신뢰를 잃고 있다는 것이 아닐까 생각됩니다.

우리나라에서 학생과 선생님의 관계는 대체로 부정적인 평가를 받고 있습니다. 그러나 우리 주위에는 다행히도 존경할 만한 선생님들이 여전히 많이 있습니다.

얼마 전 중학교를 졸업한 상훈이의 담임선생님은 학교에서 유명한 호랑이선생님이었습니다. 그래서 모두들 '이런 선생님과 빨리 떨어지고 싶다.'라고 생각했습니다. 졸업식 날 아침, 담임선생님이 교실로 들어왔을 때, 반 아이들 모두가 술렁거렸습니다. 이유는 선생님께서 세숫대야 하나를 들고 왔기 때문입니다. 그리고 선생님이 "이제까지 너희들에게 나쁜 이미지만 보여준 것 같다. 좀 멋진 모습도 보여줘야지."라며 1번부터 나오라고 했습니다. 그때야 반 아이들은 세숫대야의 의미를 깨달았습니다. 선생님이 아이들의 발을 한 명씩 다 닦아 주었던 것입니다. 호랑이선생님이라는 소문 뒤에는 제자들을 사랑하는 따뜻함이 숨어 있었던 것입니다.

또 다른 경우도 있습니다. 제게 편지를 보낸 연주는 무척 공부를 잘하고 선생님들에게도 예쁨을 받는 모범생이었습니다. 그래서 임원도 많이 했지요. 그런데 어느 날부터인가 아이들이 연주를 괴롭히기 시작했습니다. 처음에는 반의 친구들 몇 명만 그랬는데, 시간이 지나면서 연주를 따돌리는 분위기는 반 전체로 퍼져갔습니다. 연주가 말을 해도 아이들이 들은 척하지 않거나, 괴롭힘을 당하는 연주를 못 본 척하고 가는 것이었지요. 연주는 혼자서 벗어나 보려고 애를 쓰고, 이겨 내려 했지만 마음이 무척 힘들었지요. 그런데 어느 날 책상서랍에서 한 장의 편지가 나왔습니다.

"연주야. 넌 언제나 우리들과 함께야. 넌 정말 혼자가 아니야. 지금은 모두들 용기를 내지 못하지만 언젠가 모두 너의 편이 되어 줄 거야. 그리고 난 네가 절대로 나쁘지 않다는 것을 알고 있어. 넌 내가 힘들 때 힘이 되어 주었으니까. 나도 이제 널 도울게."

그때 연주는 오히려 이 편지를 받고 스스로 반성을 했다고 했습니다. 자신이 이런 편지와 격려를 받을 자격이 있는 아이인가, 자신의 본 모습을 이 친구는 알고 있을까 하고요. 그 후 연주는 그 편지를 받음으로 해서 오히려 상황을 관조하고 스스로를 바라볼 수 있는 여유를 가지게 되었습니다. 학교생활도 많이 바뀌었지요. 그리고 시간이 흐른 후에 기적같은 일이 생겼습니다. 무시하고 방관하던 아이들이 연주에게 먼저 다가와서 "그동안 미안했어."라고 사과했던 것이지요. 상황이 나아진 후에 연주는 과연 그 편지를 주었던 친구가 누구인지 궁금해졌습니다. 그리고 친구에게 그 일을 이야기했더니 친구가 알려 주었지요.

그 친구는 연주가 한창 힘들 때, 따돌림 당하고 있는 연주와 도와줄 용기가 없는 자신 때문에 속이 상해서 학교 뒷동산에서 울고 있었다고 합니다. 공교롭게도 담임선생님이 그 친구를 보게 되었고, 담임선생님은 그 친구에게서 그간의 사정을 듣게 되었습니다.

선생님은 친구가 갖고 있던 노트와 펜을 빌려서 연주에게 줄 편지를 썼다고 합니다. 그리고 둘만의 비밀로 하자면서 그 편지를 연주의 책상서랍에 넣어 놓았던 것이지요. 그 편지가 바로 연주가 힘든 상황을 견디고 스스로를 돌아볼 수 있는 힘이 되었던 것입니다.

학교의 선생님들은 단지 지식을 주입시키는 존재가 아닙니다. 선생님은 아이들에게 전해 줄 수 있는 다양한 경험과 개성을 소유한 인생 선배이기도 합니다. 그렇기 때문에 학교는 단순히 '지식과 기술을 전달'하기만 하는 것이 아니라 '인격을 길러'주기도 하는 공간인 것입니다. 여건이 따라주지 않을 뿐, 많은 선생님들이 기본적으로는 학생들을 알고 싶어 하고 이해하고 싶어 합니다. 이런 선생님들과 가까이 지내고, 도움을 받을 수 있는 가장 좋은 방법으로 저는 아이들에게 선생님들과의 '대화 창구'를 트는 것을 권하곤 합니다. 학기 초에 형식적으로 실시하는 담임선생님과의 면담 시간에 어렵더라도 자기 고민을 알리고 도움을 청하는 것이지요. 아니면 평소에 이야기해 보고 싶었던 선생님에게 상담을 부탁해 보는 방법도 있을 것입니다.

이렇게 대화 창구를 열어 대화하고, 도움을 받게 되면 그 선생님들은 졸업 후에도, 또 어른이 되어서도 항상 찾아가 삶의 어려운 문제들을 상의할 수 있는 '평생 선생님'을 만나게 되지요. 여러분의 선생님도 그렇게 다가오는 친구를 좋아하고 기다릴 것입니다.

3장

유혹

외로워서, 외로워서

【명사】

꾀어서 정신을 흐리게 하거나 좋지 않은 길로 이끄는 것.

태어나서부터 인간은 끊임없는 유혹에 시달립니다. 어린 시절에는 언어와 환경, 경제적 제약이 있어서 닿을 수 없었던 부분도 청소년기가 되면 달라지지요. 청소년기의 아이들은 과거와 달리 외부 시간이 무척 많습니다. 학교, 학원, 독서실 등이 그것이지요. 게다가 외벌이가 일반적이었던 과거에 비해 맞벌이가 많아지면서 어른들이 자녀들을 보호하고 관리하는 시간 역시 과거에 비해 현저히 줄었습니다. 또한 맞벌이하는 부모님들이 보상심리로 주는 일정 이상의 용돈은 아이들에게 경제적인 능력까지 부여하게 되었습니다. 게다가 요즘 아이들은 과거에 비해 훨씬 더 어린 티가 덜 나서 교복에서 사복으로만 갈아입어도 나이를 구분하기가 어렵지요.

시간, 장소, 돈이라는 세 가지가 허용되면서 아이들은 어른들과 동일한 유혹에 노출되고 있습니다. 술, 담배, 클럽, 도둑질, 무책임한 성행위가 그런 것들입니다. 어른에 비해 자극적인 유혹에 익숙하지 않은 아이들은 금세 중독이 되기도 합니다. 그리고 청소년기에 한 번 중독이 되면, 어른이 되어서 다시 그 유혹에 노출되었을 때, 저항하기가 힘듭니다. 때문에 아이들이 처음 유혹에 노출될 때 어떻게 노출되는지가 중요합니다.

무조건적인 억압이나 금지, 제한은 대안도 해결책도 될 수 없을 것입니다.

신부님, 저는 효진이라고 해요. 이제 중학교 1학년이에요. 신부님께 말씀드리기에 부끄러운 이야기지만 이렇게 용기를 내어 말씀드려요.

사실 제가 예전에 학교 앞 문방구에서 펜을 몰래 가져왔어요. 요새 애들이 많이 갖고 다니는 것인데요. 다른 것들보다 훨씬 비싸요.

그까짓 펜 하나라고 할지 모르지만, 다른 애들도 다 갖고 있는데, 저만 없으니 자존심이 너무 상하고, 또 다른 애들보다 없어 보여서 싫었어요.

엄마한테 이야기해 봐야 그런 좋은 걸 뭐하러 사냐고 하실 테고. 이런 생각을 하다 보니까 문방구에 가도 자꾸 그 펜만 보이더라고요.

결국엔 사람들이 북적거릴 때 하나 몰래 가져왔어요. 처음에는 무척 무서웠어요. 문방구 아줌마한테 미안하기도 하고요. 그런데 막상 그 펜을 갖고 보니 좋기도 하고, 또 '펜 하나 정도인데 뭐.' 하는 생각이 들더군요. 그리고 그 펜을 가지고 나니 또 다른 것들이 갖고 싶어지더라고요.

그래서…….

그렇게 하나씩 다른 물건들을 가져오다 보니 이제는 몰래 가져온 물건들이 제법 많아졌어요.

처음에는 무섭고 죄스러운 마음이 컸는데, 이제는 걸리지만 않으면 된다는 생각만 들어요. 그리고 문방구에서 예쁜 물건만 보이면 아줌마를 살피고 있어요.

저 나쁘죠?

그런데 사실 그렇게 많이 비싼 것도 아니고, 자잘한 것들인데 괜찮은 거 아닌가 하는 생각도 들어요. 그 문방구 진짜 장사도 잘되고 인터넷보다 훨씬 비싸게 파는 것도 많거든요. 아줌마도 좀 애들한테 막 못 되게 굴고 그래요.

하지만 제가 하는 게 나쁜 거라는 건 알아요.

제가 왜 이러는지 모르겠어요. 나쁘다는 생각을 했다가도 괜찮지 않을까 하는 생각도 들고.

신부님, 도와 주세요!

게임

【명사】
〔국어사전〕 정해진 규칙에 따라 승자와 패자를 가르는 놀이.
〔청소년 사전〕 잠시 스트레스를 잊기 위해 하는 것이며 조절 가능함. (아마도)

"고3도 멀지 않았는데 이렇게 살아서 뭐가 되려나 하는 생각이 들 때도 있어요.ㅋㅋ 근데 그건 사실 잠시고 게임 없이는 못 살겠어요. 게임하다가 죽은 사람도 있다면서요? 남일 같지 않긴 한데, 그래도 게임을 하지 않으면 안 돼요.ㅋ 정말 재미있어요. 정말 정말."

내가 알아서
한다고요!
(아마도)

우리가 흔히 쓰는 말들 중에는 '중독'이라는 말이 있습니다. 신문이나 뉴스에서도 '일 중독', '게임 중독', '관계 중독' 등과 같은 단어를 자주 접하게 됩니다. 이런 중독도 '열정'과 동일하게 무언가 대상이 되는 그것을 좋아하는 것에서 출발합니다.

그렇다면 중독은 열정과는 어떻게 다를까요?

사전에서 중독과 열정이라는 단어를 찾아보면 중독은 '그것이 없이는 견디지 못하는 현상'을 말합니다. 열정은 '어떤 일에 애정을 가지고 열중하는 마음'이라고 표기되어 있습니다. 자칫 생각하기 쉬운 판단의 오류는 두 가지가 비슷한 의미를 가지고 있다고 생각하는 것입니다. 비슷한 듯하나 일 중독을 일에 대한 열정으로 표현하지 않고, 게임 중독을 게임에 대한 열정으로 표현하지 않는 데는 그만한 이유가 있지 않을까요?

제게 게임에 대한 편지를 보낸 성민이의 경우를 보면 확실히 중독이 열정과 어떻게 다른지 알 수 있습니다.

성민이는 고등학교를 다니는 남학생입니다. 주변에서는 심각하다고 말을 하지만, 사실 성민이는 그 심각성을 잘 못 느껴 사람들이 잔소리를 심하게 한다고만 생각합니다. 여자친구는 물론이거니와 어머니까지 일일이 간섭하는 것이 짜증스럽습니다.

얼마 전에는 어머니가 성민이의 컴퓨터를 부수려고까지 하여 성민이를 기겁하게 했습니다. 어련히 알아서 잘 할 텐데, 어머니가 저렇게 나오면 오히려 성민이는 엇나가고 싶어집니다.

하지만 한편으로 성민이도 그 시간이 아깝다는 생각이 들기도 하고 불안하기도 합니다. 이제 곧 고등학교 3학년이 되고, 대학 입시도 준비해야 하는데, 이렇게 게임만 하고 있어도 괜찮나 싶은 생각이 드는 것이지요. 이렇게 살다가 뭐가 되려고 이러나 싶다가도 게임이 없으면 정말 살 수가 없다는 기분이 듭니다.

　게임만 하다가 죽은 사람 이야기나 방에 들어가서 2년 넘도록 나오지도 않고 게임만 한 사람들의 기사가 가끔 보이곤 하는데, 남 일 같지 않다고 합니다. 하지만 멈출 수가 없습니다.

　요즘은 여자친구가 자기를 한심하게 보는 것 같고, 공부 좀 하는 친구들이 자기를 깔보는 것 같은 기분마저 듭니다. 그럴 때면, 짜증이 나서 그런 아이들과 가까이 있고 싶지도 않다는 생각도 듭니다. 그렇다고 게임을 멈추고 싶지는 않습니다. 이제 성민이는 뭐가 뭔지 분별을 할 수가 없습니다. 그리고 제게 물었습니다.

　"게임을 많이 하는 것이 정말 잘못된 건가요?"

　사실 게임을 하는 것 자체가 잘못된 것이라고 볼 수는 없습니다. 어떤 목적을 가지고 게임을 하느냐에 따라 다르지요. 그리고 그것을 스스로 절제할 수 있느냐 없느냐에 따라 게임은 우리의 스트레스를 해소하는 도구가 되기도 하고, 자신을 파괴하는 해악이 되기도 합니다. 잠시 기분을 환기하고 스트레스를 해소하기 위한 목적으로 한 게임을 통해 아이들은 또래 친구들과 놀이의 하나로 함께 즐기며 즐거움을 얻습니다. 그러나 이것이 단순히 잠시 놀이로 즐기거나 스트레스를 풀기 위한 것을 넘어 중독이 될 때 치르게 되는 대가는 무척 위험합니다.

기본적으로 게임은 타인과 직접 대면하지 않고 노는 메커니즘을 갖고 있습니다. 절제하지 못한 채 게임을 하다 보면 자연스럽게 현실세계와 다른, 게임이라는 가상세계에 몰입하게 됩니다. 어떤 몰입은 스스로를 자각하게 하고, 성취감을 얻게 하지만 게임에 몰입하는 것은 상황이 다릅니다. 자기가 무엇을 해야 하는지 자각할 수 없게 만들며 결국 현실의 자신을 잃어버리게 하는 파괴적인 몰입이라는 데에 문제가 있습니다.

또한 게임에 빠져드는 것은 기본적으로 자극에 대한 반응으로서 나타나는 것입니다. 게임에 중독된 사람은 더 많은 게임을 하기를 원하고 더 강한 자극을 받고 싶어 합니다. 그렇게 점차 더 강한 자극을 찾다 보면 게임의 포르노그래피적인 요소와 폭력적인 요소 등 자극에 대한 반응만을 강화하게 되고 그것을 찾게 됩니다. 그러면서 점차 현실 감각을 잃게 되지요.

게임 속 세계는 현실과 비슷한 것처럼 보이지만 인간의 참된 지혜는 빠져 있는 세계입니다. 상업성을 바탕으로 만들어진 게임 속 세상에서는 다른 사람과의 관계, 의미, 성취감, 기쁨과 같은 현실의 감정보다 말초적인 자극에 집중하게 됩니다.

청소년들이 마주해야 할 현실세계에는 게임의 기술로만 터득할 수 없는 많은 것들이 있습니다. 특별히 또래 친구들과 직접적으로 대면하고 어울리는 장에서 배워야 하는 많은 것들이 있습니다. 친구의 감정을 읽고 그 의도를 파악한다든지, 친구와의 관계를 헤쳐나가는 법 등, 청소년기에는 직접 관계를 맺고 유지하는 과정을 통해 반드시 배우고 고민해야 할 과제가 있습니다. 그러나 이러한 중요한 시기에 게임에 빠져 사회와 단절되기 시작하면 사회 안에서 구성원으로서 살아가는 데 필요한 지혜를 배울 수 없습니다. 따라서 위와 같이 게임중독으로 인한 문제는 아이들이 사회성을 형성하는 데 큰 영향을 미치기 때문에 반드시 치료가 필요합니다.

청소년기는 에너지가 넘치는 시기입니다. 이 건강한 에너지를 무언가에 중독되어 쏟아 버리기보다, 자신의 꿈과 삶에 애정을 가지고 참되고 의미 있는 것에 자신을 던지는 열정으로 불사르기를 바랍니다.

알코올

【명사】

〔국어사전〕 알코올 성분이 들어 있고, 마시면 취하게 되는 음료.

〔**청소년 사전**〕 부모님이나 친척들이 권하기도 하며, 먹다 보면 친구도 생기고 재밌는 음료.

"저는 친구들과 집에서 술을 마시는 것이 싫지 않아요. 왜냐면요, 부모님은 늘 일 때문에 늦게 오시거나 안 오실 때도 많거든요. 전 외아들이라서 집에 항상 혼자 있는데요. 친구들이랑 집에 있으니까 심심하지도 않고, 술을 먹으면 외로움이 사라지는 것 같아서 좋았어요."

술을 마시면
외롭지 않았어요

저는 때로 무척 가슴 아픈 편지를 받곤 합니다. 어떤 상담편지는 나이 또래에 맞게 풋풋하고 살짝 웃음이 나기도 하지만, 어떤 편지를 읽다 보면 보낸 아이의 외로움에 가슴이 저미는 듯하기도 합니다.

재영이가 보낸 편지가 그랬습니다. 제게 편지를 보낼 당시, 재영이는 고등학교 1학년이었지만, 이미 중학교 2학년 때부터 친구들과 술을 마시기 시작했다고 했습니다. 처음에는 써서 먹기도 힘들었던 술이지만, 조금 먹고 나니 기분이 좋아졌다는 재영이.

중학교 2학년 때, 처음 친구들이 집으로 놀러와 술을 마신 이후로, 재영이의 집은 친구들이 모여 놀고 술을 마시는 곳으로 변했습니다. 자주 모여서 술을 마시고 놀았지요. 처음에는 싫었던 재영이도 이내 친구를 반기게 되었습니다. 부모님은 항상 일 때문에 자주 집을 비웠고, 집에는 늘 재영이 혼자였으니까요. 외아들이라 텅 빈 집에 혼자 있는 것보다는 친구들이 몰려와 떠들고 술을 마시는 것이 덜 외로웠던 것입니다. 그런데 재영이는 어느새 친구가 없어도 술을 마시고 싶다는 생각이 들기 시작했습니다. 아니, 이제 친구가 없으면 술을 마시게 되었습니다.

술을 마시고 싶은 충동을 이기지 못해 마시다 부모님께 들켜 혼나기도 했지만, 술을 마시고 싶다는 생각을 멈출 수가 없게 되었습니다. 술이 없으면 지루하고 외롭다는 생각밖에 들지 않고, 다른 걸로 주의를 돌리려 해도 어느새 술을 찾고 있고 마시고 있다는 것입니다. 처음부터 마시지 말았어야 했다는 생각도 해 보지만 이미 늦은 것 같다고, 이제 자신이 밉고 무섭다고 재영이는 말했습니다.

"첨부터 그러지 말걸, 하는 후회도 해요. 그래 봐야 소용없다는 거, 잘 압니다. 이런 제 자신이 너무 밉고 무서워서 어떻게 해야 할지를 모르겠어요. 저는 어떻게 해야 하나요? 제발 좀 도와주세요."

재영이가 보낸 편지의 마지막 문장입니다. 재영이의 절박함과 외로움이 느껴져 눈물이 왈칵 솟았습니다. 핵가족이 늘어나고, 맞벌이가 일반적인 것으로 받아들여지면서 혼자 지내는 청소년이 많이 늘었습니다. 가족의 보호나 관리가 없고, 혼자 지내는 시간이 늘어나면서 아이들은 쉽게 유혹에 빠지곤 합니다. 재영이 역시 그랬지요. 이미 습관성으로 굳어 버렸지만, 그래도 재영이의 편지 속에서 후회와 두려움이 교차하고 있는 것을 발견할 수 있었습니다. 그리고 그것에서 저는 희망을 보았습니다. 왜냐하면 그 후회와 두려움이야말로 재영이가 자신을 똑바로 보고 있으며, 또 자신을 잘 알고 있고, 문제의식을 가지고 있다는 뜻이기 때문입니다.

사실 많은 부모들이 자녀가 술을 마신다는 것을 알게 되었을 때, 덜컥 겁을 먹게 됩니다. 그리고 자녀들이 술을 마신다는 사실만으로도 비행으로 여겨 더욱 크게 걱정을 하지요. 그러나 청소년이 술의 유혹에 빠지는 것은 어른이 되면 경험하게 될 것을 미리 손을 대며 겪는 시기적인 비행에 속합니다. 따라서 잠시 시기적인 호기심 등으로 음주를 경험하게 되는 경우가 있지만, 그것이 반드시 심각한 비행이 되는 것은 아닙니다. 그러나 음주는 절제력이 부족한 아이들

이 술에 취해 자신을 통제하지 못하게 되었을 때 발생되는
이차적인 사고의 위험과 음주의 경험이 또 다른 비행의 기
회로 발달될 가능성이 큽니다. 따라서 자녀의 음주 사실을
알게 되었을 때에는 아이를 잘 관찰하고, 아이가 더 큰 유혹
에 빠지기 전에 절제하고 조절할 수 있도록 도와야 합니다.

특히 재영이와 같이 지속적으로 술을 찾고, 점차 그 양이
늘어나는 경우, 중독으로 가게 될 소지가 있습니다. 그래도
재영이는 지속적으로 술을 찾고 있는 자신의 모습을 자각하
고 그것을 벗어나고자 노력하고 있기 때문에 다행입니다.
만일 스스로 중독이 아닐까 걱정이 된다면 스스로 진단하고
체념하기보다 전문가나 전문시설의 도움을 받는 것이 중요
합니다.

재영이는 처음에 외롭기 때문에 술을 마셨다고 했습니다.
그러나 술은 외로움을 달래 주는 좋은 친구가 아닙니다. 고
민을 해결해 주는 해결사도 아니지요. 술은 정신력을 흐리게
하고 이성적 판단을 흐리게 하기 때문에 시간을 두고 진지하
게 고민해야 할 문제를 술에 의지해서는 해결할 수 없습니
다. 그것은 해결을 위한 노력이 아니라 도피인 셈이니까요.

저는 재영이나 재영이와 비슷한 고민을 가진 친구에게 이
야기하고 싶습니다. 만약 건강하게 살고 싶다면 홀로 술을

마시는 시간 대신 친구들을 만나고, 자신을 나눌 수 있는 공동체를 찾아 관계를 만드는 것을 선택하라고 말이지요. 외로움이나 괴로움, 스트레스 등을 술이라는 쉬운 도피처로 숨어서 피하려고 하는 자신의 마음과 스스로 마주하고, 이야기하고, 그 마음을 다독여 줄 필요가 있습니다. 자신과 마주하고 술로부터 벗어나기 위해 노력하는 과정은 무척 어려울지도 모릅니다. 하지만 무엇보다 이 힘든 과정이 모두 자신을 위한 것임을 기억하며 계속해서 노력하기를 바랍니다.

클럽

【명사】

〔국어사전〕 밤에 술을 마시고 춤을 추며 즐길 수 있는 곳.

〔청소년 사전〕 애들이랑 어울리다 보면 갈 수 있는 곳.

"밤늦게 들어가면 부모님께 혼이 나니, 이제는 집에 들어가기 싫습니다. 좋지 않은 환경에 제가 너무 깊게 빠진 것 같습니다. 어떻게 해야 할지 모르겠습니다."

너무 깊이
빠진 것 같아요

많은 청소년들이 잘못되었다고 생각하면서도 유혹에서 빠져 나오지 못하는 경우가 있습니다. 민영이 역시 그랬습니다.

고등학교 2학년 여학생인 민영이는 원래 소위 말하는 범생이었습니다. 노래나 춤도 좋아하고 성격도 밝은 친구이지만 강압적인 집안 분위기와 특히 성적 문제로 늘 압박하는 부모님으로 인해 스트레스를 많이 받고 있었습니다. 그러던 어느 날 시험이 끝나고 여느 때처럼 야단을 맞은 민영이는 기분을 풀어 준다는 친구의 말을 듣고 독서실에 간다는 핑계로 홍대에 있는 클럽에 가게 되었습니다. 술은 입에도 안 대고 춤만 췄는데도 왠지 스트레스가 풀리는 느낌이었습니다. 그날 이후 스트레스를 풀기 위해 클럽에 드나드는 횟수는 늘어났고, 민영이는 자꾸 거짓말을 하게 되었습니다. 또 클럽에 어울리는 옷을 사려다 보니 아르바이트도 해야 했습니다. 처음에는 마시지 않았던 술도 조금씩 마시기 시작했습니다. 그러다가 같이 클럽에 다니는 친구들 중에는 거기서 만난 남자들과 모텔까지 간다는 것도 알게 되지요. 그리고 민영이에게도 그러한 유혹은 점차 잦아졌습니다. 그만 가야 한다는 것을 알지만 그냥 계속 클럽에 가고만 싶고 공부는 하기 싫어졌습니다. 자연히 성적이 떨어지고, 부모님은 혼만 내지요. 민영이는 이제 집에도 들어가고 싶지 않다고 했습니다. 그러면서도 "좋지 않은 환경에 너무 깊게 빠진 것 같아요."라며 고민하고 있었습니다.

민영이의 편지를 받고 무척 안타까웠습니다. 이제 곧 고등학교 3학년이 될 텐데, 얼마나 고민이 될까요. 민영이와 같은 상황을 접하면, 저는 먼저 무엇 때문에 그런 생활을 끊을 수 없는지에 대해서 냉정하게 판단해 보라고 충고합니다.

저는 민영이의 편지에서 이 친구가 맑고 좋은 친구라는 것을 확신했습니다. 그러나 인간은 주어진 환경에 좌우되는 존재입니다. 따라서 무엇을 보고, 어떻게 받아들이는가에 영향을 받습니다. 민영이는 클럽이라는 환경에서 퇴폐적인 문화에 점차적으로 노출되었고, 그것이 민영이를 변하게 할 수 있다는 사실은 피할 수 없는 것입니다. 물론 클럽 문화 형성과 더불어 힙합이나 인디 락 장르의 음악들이 발전하였고, 노래와 춤에 관심 있는 친구들은 그곳에서 자신의 재능을 발견하고 끼를 표출하기도합니다.

그러나 민영이가 경험했고, 우리들이 우려하는 클럽은 건강함과는 거리가 먼 종류의 것인 듯합니다. 그곳은 건강한 어른들과 아이들이 서로를 보살피는 공간이 아닌 상업적 이득을 목적으로 청소년들이 선을 넘는 것을 암묵적으로 허용하는 공간이지요. 아직 내적 저항력이 약한 청소년들이 접하지 말아야 할 퇴폐적이고 상업성이 짙은 문화를 맛본 아이들이 모여 있는 클럽은 분명히 민영이에게 부정적인 영향을 줄 것입니다.

지혜로운 사람은 자신이 있어야 할 자리를 알고 선을 명료하게 긋는 사람입니다. 이미 상업주의에 물든 문화 속에서 이 같은 유혹을 피하기는 어려울지도 모릅니다. 그러나 아이들에게 있어야 할 것과 끊어야 할 것을 알려주는 것, 이런 식별력과 분별력을 키워 주는 것이 부모님들이 해야 할 몫입니다.

담배

【명사】

〔국어사전〕 담뱃잎을 말려서 가공한 중독성이 있는 기호품.

〔청소년 사전〕 멋져 보이고 스트레스도 풀린다는 말이 있는 호기심 유발품.

"첨에는 그냥 호기심이었어요. '이렇게 피우는 게 맞나?' 하면서 몇 번 해 본 건데, 지금은 담배가 없으면 넘 허전해요. 화가 나거나 짜증나는 일이 있으면 어느새 담배를 찾아요. 근데요. 제가 담배 피우는 게 학교에 소문난 것 같아요. 너무 걱정돼요. 아이들이나 선생님이 저를 날라리로 보는 것도 싫지만. 다른 것보다 부모님이 아시게 되면 어떡해요?!! 혼나는 것도 그렇지만 부모님이 속 상해하시잖아요. 그런데도 계속 끊지 못하고 있으니 너무 답답해요."

부모님이
속상해하시면
어떡하죠?

새해가 되면, 많은 사람들이 금연을 결심합니다. 그리고 대개는 하루, 길게는 3개월 안에 다시 담배를 찾게 된다고 합니다. 저 역시도 한때 흡연자였습니다. 저는 사제가 된 다음에야 담배를 끊을 수 있었습니다. 만나는 청소년 친구들에게 담배를 피우지 말라고 하면서 자신이 그것을 끊지 못하면 그 친구들에게 도움이 되지 못한다는 것을 깨달았기 때문이었습니다. 이처럼 담배는 명확한 동기가 있지 않으면, 참 끊기가 어렵습니다. 그래서 많은 흡연자들이 담배를 아예 시작도 하지 말라고 권고하지요.

하지만 많은 청소년들이 단순한 호기심이나 또래와 어울

리기 위해서 담배를 시작합니다. 게다가 요즘 나온 전자담배는 예전의 담배보다 훨씬 더 해악이 심각합니다. 전자담배에 들어가는 액상 카트리지는 별다른 신분 확인 없이 판매되고 있는데다, 그 형태가 볼펜과 유사한 것들이 많아서 구별해내기도 어렵지요. 뿐만 아니라 수증기만 배출될 뿐 냄새가 거의 나지 않아 수업시간에 피는 아이들마저 있습니다. 청소년들이 드나드는 인터넷 카페에는 "수업 시간에 몰래 피우는 법" 같은 글이 공유되기도 합니다.

선생님이나 어른의 감독이 어려운 틈을 타서 전자담배를 과용한 나머지 두통과 식욕부진, 불안감, 강박증, 구토, 어지러움 등의 부작용에 시달리는 경우 역시 크게 늘고 있습니다. 게다가 전자담배의 니코틴 함유량은 일반담배보다 높은 경우가 많아서 보다 쉽게 니코틴 중독에 이를 수 있습니다.

제게 상담편지를 보낸 세희는 중학교 1학년을 막 마친 여학생이지만 담배를 피운 지는 1년이 다되어간다고 했습니다. 중학교에 들어와 새로운 환경을 만나고, 조금은 심도가 있는 공부를 하려니 조금은 지루했던 세희는 친구들과 더 많이 어울리게 되었습니다. 그때 이미 세희의 친구들은 모두 흡연자였습니다. 세희는 친구의 권유에 결국 한 개비를 받아 피웠습니다. 처음에는 그저 기침만 나고 전혀 좋은 줄 몰랐지만, 방송이나 길거리에서 사람들이 담배를 피우는 모습을 보고 있자니 어쩐지 멋져 보여 다시 담배를 손에 들게 되었습니다. 1년 사이에 세희는 끊고 싶어도 담배를 끊을 수 없는 니코틴 중독자가 되었습니다. 그동안 담배를 끊을 결심을 여러 번 해 보고 시도도 해 보았지만 매번 실패를 했지요. 그러다가 입에서 냄새도 나고, 기침도 자주 나서 이제는 끊어야겠다고 생각을 해 최근에 다시 금연을 시도해 보았습니다.

금연을 하려면 주변에 알려 도움을 받아야 한다는 말을 들었던 세희는 같이 어울리는 친구들에게 "나 담배 끊었어."라고 공언을 하고 다녔습니다. 그러나 친구들은 "얼마나 가나 보자."라고 비웃거나 "웃기는 소리 하지 마."라며 들은 체도 하지 않고 놀리기만 했습니다.

결국 금연은 실패로 끝나고 말았습니다. 늘 '이것만 피고!'라고 생각하지만 '이것만'이라는 말만 계속 이어질 뿐이고, '이번에는'이라고 생각하지만 '다음에'라고 생각하는 일만 생겨 많이 답답했습니다.

세희는 담배의 해악에 대해서도 아주 잘 알고 있어서, 병에 걸리지는 않을까 걱정이 되기도 하지만 이내 '친구들도 다 피니까 괜찮겠지.' 하는 안일한 마음을 가지게 됩니다. 친구들과 계속 어울리려면 모일 때마다 담배를 피우게 될 것이 뻔합니다. 하지만 지금이라도 끊지 않으면 아주 어린 나이부터 나쁜 물이 들어서 영영 고치지 못할 것 같다는 생각에 가슴이 답답해져 온다고 했습니다.

　세희가 사람들이 흔히들 말하는 '질 나쁜' 친구라고 생각하는 사람이 있을지도 모르겠습니다. 하지만 담배를 피우는 청소년들은 생각보다 많이 있습니다. 담배와 관련한 상담편지도 자주 받는 편입니다. 중학교 3학년인 수진이 역시 담배를 피우는 것 때문에 고민을 하고 있었습니다. 수진이는 술과 담배를 모두 하는 친구였습니다.

　수진이는 '중독'의 위험성에 대해서도 경각심을 가지고 있는 것 같았고, 또 현재 자신이 처해 있는 상황에 대해서도 냉정하게 판단하고 있었습니다.

　"첨에는 그냥 호기심이었어요. '이렇게 피우는 게 맞나?' 하면서 몇 번 해 본 건데, 지금은 담배가 없으면 넘 허전해요. 화가 나거나 짜증나는 일이 있으면 어느새 담배를 찾아요. 근데요. 제가 담배 피우는 게 학교에 소문난 것 같아요. 너무 걱정돼요. 아이들이나 선생님이 저를 날라리로 보는 것도 싫지만, 다른 것보다 부모님이 아시게 되면 어떡해

　　　　　　　　청소년 사전 | 유혹

요?!! 혼나는 것도 그렇지만 부모님이 속상해하시잖아요. 그런데도 계속 끊지 못하고 있으니 너무 답답해요.”

수진이 역시 이미 담배가 건강에 나쁜 것은 충분히 인지하고 있었습니다. 폐가 까맣게 변한다는 것, 설암이나 폐암의 위험, 그리고 임신했을 경우 발생할 수 있는 기형아 문제까지요. 그럼에도 습관이 들어 버려서 끊으려고 해도 안 되어 답답하다고 했습니다.

특이하게도, 수진이는 금연 지식을 얻거나, 상담을 할 때 모두 인터넷을 통하고 있었습니다. 아마도 부모님께서 아실까 봐, 그래서 실망하실까 봐 걱정이 된 나머지 인터넷으로만 도움을 청하고 있는 것 같았습니다.

사실 아이가 담배를 피기 시작하면, 대개의 부모님들은 눈치를 채기 마련입니다. 한 어머니는 아들 방을 청소하다가 담배를 발견하게 되었습니다. 호기심에 한 번 피워 본 건지, 아니면 오래된 것인지 걱정이 태산 같았지만, 일단은 담배를 그 자리에 둔 채 방을 나왔습니다.

“이걸 어떻게 해야 하나 하루 종일 고민했어요. 학교에 돌아오면 회초리를 들고 닦달을 해야 하나, 남편 보고 해결을 하라고 해야 하나, 하루 종일 머릿속이 복잡했지요. 입학식 때 교장 선생님이 ‘학교생활을 하다 보면 아이들이 호기심에 한 번 정도는 담배라는 걸 피워 본다.'라고 하셨거든요. 정말 호기심의 한 번일까요?"

부모님이 화를 내고 속상해할까 봐 쉬쉬하는 청소년이나, 담배를 피우는 자녀에게 어떻게 접근하고 어떻게 이야기를 할지 전전긍긍하며 고민하는 부모님이나 그 상황이 두렵기는 매한가지입니다.

담배 역시 술과 마찬가지로 시기적인 비행에 속합니다. 성인이 되어서는 용인되는 것을 청소년 시기에 미리 접함으로써 비행이 되는 것이지요. 그렇기 때문에 부모님들이 아이의 흡연 사실을 알게 되었을 때 흡연을 무조건 죄악시하기보다는 문제를 해결하기 위해 대화를 하면서 아이의 친구 관계를 살필 수 있는 계기로 삼았으면 합니다. 많은 청소년들이 친구들과 같은 그룹에 끼기 위해 '동류 의식' 때문에 담배에 손을 대기 때문입니다.

남자다움을 과시하기 위해, 또래보다 우월함을 드러내기 위해 흡연을 하는 아이들에게는 무엇이 정말 멋있고 아름다운 것인지 잘 설명해 주는 것이 필요합니다. 그리고 이미 중독된 아이들의 경우, 더욱 지혜롭게 접근해야 합니다. 이 친구들에게는 건강만큼 담뱃값도 문제가 되기 때문에 부모님이 절제할 수 있게 도와주어야 하는 것입니다.

제가 아는 부모님 중에 학교나 공공장소에서는 참을 수 있을 때까지 참을 수 있게 하고 집에서는 적당히 허용하는 것을 아이와 서로 합의하여 점차적으로 담배를 줄일 수 있도록 한 경우도 있습니다.

청소년기에 담배 때문에 많이 힘들어했던 아이들도 시간이 지나고 나이를 먹으면서 담배를 끊는 경우도 많이 보았습니다. 스스로가 담배 냄새를 못 견디거나 새로 사귄 여자친구나 남자친구가 담배를 싫어할 때 혹은 사회생활에 지장이 올 때 필요에 의해 끊기도 하는 것이지요. 사려 깊은 부모님과 어른들이 곁에 있다면, 또 그들이 지혜롭게 인내하고 대화해 준다면, 청소년기의 시기적인 비행을 미래를 향한 좋은 디딤돌로 바꿀 수 있습니다. 저는 그렇게 믿고 있답니다.

도둑질

【명사】
〔국어사전〕 남의 물건을 훔치거나 빼앗는 짓.
〔청소년 사전〕 남에게 큰 피해 주는 것도 아니고, 자신이 엄청 이득 보는 것도
아니니 해도 괜찮을 것 같은 짓.

"이젠 물건을 훔친다는 것에 대해서 별로 잘못이란 생각이 안 들어요. 이런 게
개념 상실인가?ㅎㅎ 이게 죄가 맞긴 한 거죠? 근데요, 저는 물건을 훔치면 뭔
가 성공했다는 생각에 즐겁기도 하고, 재밌어서 그런지 자꾸 하고 싶어져요.
그리고는 자꾸 저를 합리화하는 이야기들을 만들어내네요. '얘는 펜이 많으니
까, 서로 나눠 갖는 거야, 뭐.' 이런 거 말이에요."

그냥 말없이
나눠 갖는 건데요?

어느 날 중학교 여학생인 희은이에게서 받은 편지에 저는 조금 당황했습니다. 습관적인 도둑질에 대한 상담이었는데, 가정 형편이 어려운 것도 절박한 이유가 있어서도 아니었습니다. 희은이는 '이것이 죄인가요?' 하고 물었습니다.

다른 사람의 물건을 훔치는 것은 분명 죄입니다. 경제적 상황이 어려워서 유혹을 참지 못하고 도둑질을 하게 되는 아이들도 분명 있습니다. 하지만 어떤 경우에는 친구들이 다 하니까, 놀이삼아 장난으로 가게에 들어가서 물건 몇 개를 훔치는 것으로 시작하는 경우가 있습니다. 그러다가 습관으로 굳어 버리는 것입니다.

상담편지를 보낸 이 소녀도 처음에는 무척 떨리고, 성공하고 나서도 불안을 느꼈다고 했습니다. 하지만 몇 번 성공한 뒤로 습관적인 도둑질을 하게 되면서 그런 느낌보다는 '성공한 뒤의 쾌감'이나 '재미'를 느끼게 되었습니다.

"사실 가끔은 '아, 내가 이러면 안 되는데…….'라는 생각을 해요. 훔치고 돌아서서는 후회도 하죠. 그리고 이렇게 물건을 훔치고 있는 나를 사람들이 어떻게 볼까 싶기도 해요."

죄책감을 느껴야 한다고 주변에서는 말하는데, 그런 것도 전혀 느껴지지 않는다고 합니다. 그렇게 크게 피해를 주는 것도 아닌데 "미안하지도 않냐?"라든지 "나쁜 짓이니 꼭 고쳐야 한다."라고 하면 짜증이 난다고 합니다. 작고 예쁜 물건 한두 개 가지고 오는 게 무슨 큰 대수냐는 태도였습니다.

청소년기는 갖고 싶은 것이 많은 시기입니다. 친구들과의 무리 속에서 갖고 싶은 게 많은데 채워지지 않을 때 소유의 욕구가 충동적인 절도로 이어지기도 합니다. 그런데 이상하게도 희은이처럼 물건을 훔치는 습관이 있는 아이들의 경우, 특히 여자아이들의 경우, 생리를 할 때 물건을 훔치는 횟수가 늘어나곤 합니다. 그것은 도벽이 정서적인 불안과 관련이 깊다는 것을 의미하지요. 심리학자들도 도벽이 어린 시절 애정결핍에서 기인한다고 분석합니다. 설사 아이의 부모님이 아이가 필요한 것을 다 베풀어 주더라도 진심으로 마음을 쏟지 않았을 때 일어나는 현상이지요. 결국 부모님에게 그 문제의 책임과 해결의 열쇠가 달려 있습니다. 설사 사랑을 표현하는 데 최선을 다했다고 할지라도 절도가 습관이 될 때까지 두었다는 것은 아이를 방치했다는 것이니까요.

도벽의 이유야 어찌됐든, 절도는 범죄행위입니다. 부모님은 이것을 제어하고, 윤리적인 가치를 알려 줘야 할 의무가 있습니다. 자신이 노력해서 얻은 것이 아니라면 그것은 결코 자신의 것이 될 수 없다는 것을 알려 주어야 합니다. 분별력이 없는 청소년기의 아이들은 수많은 유혹에 맞닥뜨립니다. 이때 부모님이 분별력을 가지고 지혜롭게 대처한다면 초기에 바로 잡을 수 있습니다.

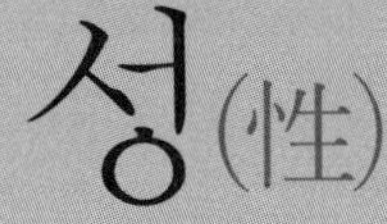

【명사】
〔국어사전〕남성과 여성의 육체적 관계나 그것과 관련된 일.
〔청소년 사전〕부모님께 들키면 개 쪽.

"친구들은 다 야동 보고, 파일 돌려 보면서 낄낄거려요. 근데 왜 자위...가 안 좋은 건가요? 나쁜 건 아니지 않아요? 저도 알아요. 부모님한테 들키면 완전 개 쪽이죠. 그리고 솔직히 죄책감도 들고 조마조마하고, 그치만 나쁘다고 하기엔 성폭행을 하는 것도 아니고, 남에게 피해를 주는 것도 아니잖아요. 솔직히 한 번 하고 싶어 죽겠는데 그런 거라도 안 하면 돌아버리는 애들 많을걸요?"

길을 걸어도
수업 중에도
야한 생각밖에
안 들어요

수없이 많은 아이들이 저에게 성과 관련된 문제로 고민 상담을 신청합니다. 자신들이 잘 아는 사람에게는 상담하기가 더 어렵고 부끄러운 부분이기 때문에 더더욱 힘들겠지요. 물론 저에게 쓰는 편지에 차마 이야기를 옮기지 못한 친구들이 많을 것이라고 생각합니다.

중학교 3학년인 형준이는 또래들과 함께 야한 동영상도 찾아보고 그와 관련된 농담도 자주 하는 남학생이었습니다. 그런데 어느 날부터 반 여자 친구들을 보면서 자꾸만 야한 생각을 하게 되었습니다. 반 여자 친구를 떠올리며 습관적으로 자위행위를 할 때도 있었지요. 형준이는 이런 자신의 모습이 스스로 한심하게 여겨진다고 했습니다. 친구들에게 미안하고, 무엇보다 다른 사람들에게 이런 모습이 알려질까 봐 부끄럽고 창피하다고 했지요.

이는 비단 남자 청소년들만의 문제가 아닙니다. 여자 청소년들도 비슷한 상담을 청해 오곤 합니다. 고등학교 2학년인 민진이가 보낸 상담편지에서 민진이가 얼마나 망설이다가 상담을 신청했는지 느낄 수 있었습니다.

민진이는 영화에 나오는 야한 장면을 보다가 문득 자신의 몸을 만지게 되었습니다. 그리고 그 자극이 밤늦게까지 이어졌습니다. 다음 날 아침에 일어나서는 아무런 생각도 나지 않았지만, 그저 한심하고 창피해서 무척 괴로웠다고 토로했습니다. 그리고 자신이 성적으로 밝히는 여자인 것은 아닌지, 또 정신적인 문제가 있는 것은 아닌지 답답하고 화가 나서 미칠 것 같다는 말까지 했습니다.

고등학교 1학년인 은진이는 사귀던 남자친구와 얼떨결에 성관계를 처음 갖고 나서 들었던 수치심과 죄책감을 이기지 못하겠다고 했습니다. 그 친구를 좋아하는 하지만 성관계까지는 생각하지 못하고 있었는데, 자기보다 나이가 많은 남자친구의 압박에 경험을 하게 되었고, 자신의 몸을 함부로 했다는 생각에 무척 괴로워하고 있었습니다.

"오빠는 괜찮다고 했는데, 전 무섭고 창피해서 죽을 것 같아요. 피임도 안 했는데 이러다가 아기가 생겨 버리면 어쩌죠? 엄마가 이 사실을 알게 되면……. 생각도 하기 싫어요. 신부님, 저 진짜 걸레 같죠?"

저는 이 아이들을 짓누르고 있는 죄책감에 마음이 아팠습니다. 또한 자신을 학대하는 모습에 안타까움을 금치 못했습니다. 성에 대한 고민은 성장 과정에서 반드시 거치게 되는 것입니다. 그러나 같은 고민이라 할지라도 시대가 흐를수록 그 강도가 세지고 연령대가 어려지는 것을 볼 수 있습니다.

사실 청소년기의 성은 쉬쉬한다고 막을 수 있는 것도 아닐 뿐더러, 인간 신체 발달상 아주 자연스러운 단계입니다. 호르몬의 영향으로 그 어느 나이대보다 성적으로 가장 활발한 시기이지만 동시에 사회적으로 가장 억눌린 시기이기도 하지요. 그 간극 사이에서 많은 청소년들이 힘들어하지만 다른 고민과는 달리 성에 대해서는 허심탄회하게 고민을 나누어 줄 사람이 없습니다. 학업 문제나 친구 관계 문제만큼 정확한 조언을 줄 수 있는 어른이 없는 것이지요. 부모님과 선생님은 이들과 성에 관련된 이야기를 나눌 수 있는 대상이 아닐 테니까요. 그래서 많은 청소년들은 주로 인터넷이나 친구들에게 정보를 얻게 됩니다. 그리하여 음란물에 그만큼 더 쉽게 접근하게 되는 것이지요.

한쪽에서는 성을 금기시 하면서도 다른 한쪽에서는 음란물이 비정상적으로 개방되어 있는 것 또한 오늘날의 성 문화가 보이는 특이성입니다. 인터넷이 보급되면서 성과 관련된 매체에 접근하기가 과거와는 비교도 안 될 정도로 쉽고 빨라졌습니다. 유치원생도 클릭만 하면 아무렇지도 않게 포르노를 볼 수 있는 시대가 된 것이지요. 길거리의 사진들이나 광고 홍보 등도 모두 청소년들에게는 성적인 유혹으로 다가옵니다.

많은 청소년들이 음란물을 통해 성에 대한 지식을 깨우치지만, 사실 음란물은 제대로 된 정보를 제공하지 못합니다. 음란물은 성을 더욱 화려하고 자극적으로 확대했기 때문에 실제로 그들이 어른이 되고 결혼을 하여 접하게 되는 성과는 많은 차이가 있지요. 이것이 바로 음란물이 위험한 이유입니다. 이미 말초적이고 자극적인 것을 접한 청소년들은 어른이 되어서 접하는 일상적이고 정상적인 성에 만족하지 못할 위험이 있기 때문입니다.

하지만 무엇보다 제가 가장 마음 아프게 생각하는 것은 아름답고 소중한 성이 갈수록 가볍고 쉬운 것처럼 다루어진다는 것입니다. 아이들의 왕성한 호기심을 이용하여 어른들이 자기들의 지갑을 채운다는 것이지요.

　청소년들이 좋아하는 일부 아이돌 가수들은 성행위를 연상시키는 춤사위와 노래로 팬들을 열광시킵니다. 다른 경쟁 가수들도 질세라 더 자극적인 상품을 내놓지요. 공중파 방송에서조차 공공연하게 "섹스는 게임이다."라는 메시지가 전파됩니다. 그런 메시지를 전달하는 가수는 미성년의 어린 나이이고, 그것을 공급받는 가장 주요한 소비자가 이제 갓 초등학생의 티를 벗어낸 여중생이라는 사실에 한 번 더 놀라게 되지요.

　인터넷을 비롯한 우리 주변의 모든 문화들에 포르노그래피의 코드가 숨겨져 있습니다. 이런 자극적이고 선정적인 코드를 집어넣어 청소년들이 열광할 수밖에 없도록 만들어 놓았습니다. 이처럼 자본에 의해 생성되는 문화코드 안에 성은 완전히 돈으로 사고팔 수 있는 상품이 되어 버렸습니다. 이러한 상황에서 성에 관심 갖는 청소년을 보고 그들만의 잘못이라고 탓할 수 있을까요?

　저는 성에 대한 지식뿐 아니라 그에 따른 올바른 가치를 심어 주는 것이 어른들의 역할이라고 생각합니다. 의미 있는 것과 의미 없는 것, 진짜와 가짜, 참된 것과 거짓된 것, 죽은 것과 살아 있는 것, 공허한 것과 진실된 것. 이러한 것들을 판단할 줄 아는 눈을 키워 주어야 한다는 이야기입니다. 지금 당장의 돈벌이를 위해 우리의 미래를 갉아 먹어서는 안 될 것입니다. 성이 갖고 있는 진짜 가치를 전수하는 것, 그것이 어른들이 청소년들의 고민을 덜어 줄 수 있는 방법입니다.

남성성과 여성성이 가진 고유한 가치가 있습니다. 그것은 사랑을 통해 생명을 창조할 수 있다는 것과 깊은 관련이 있지요. 청소년들은 앞으로 결혼을 결정하기까지 수없이 많은 이성 친구를 만나게 될 것입니다. 그렇게 자신과는 다른 성을 가진 친구와 교제하고, 감정을 싹틔우면서 좋은 여성성과 남성성을 배워가게 되지요. 바로 보금자리와 짝짓기를 준비하는 시간인 것입니다.

이때 필요한 중요한 자세가 책임감입니다. 자기 인생에 대한 책임, 상대의 사랑에 대한 책임, 나와 상대의 소중한 것을 소중하게 지키기 위한 절제의 미덕입니다. 감정이나 욕망을 남용하여 혹시라도 상대의 몸과 마음에 상처를 주게 된다면 그것은 무분별한 행동이며 동시에 잠시의 착오로 미래를 손상시킬 수도 있는 것입니다.

성이 아름답고 소중한 이유는 사랑과 생명의 가치가 숨어 있기 때문입니다. 그들 스스로 생명을 창조할 소중한 몸을 가지고 있다는 사실을 깨달을 수 있도록 서로에 대한 책임감을 바탕으로 진정한 이성교제를 할 수 있도록 도와야 합니다. 성이 단순한 쾌락의 요소로만 소비되고 있는 오늘날, 성의 참된 가치를 알려 줄 수 있는 좋은 어른들이 청소년들의 곁에 있어 주기를 바랍니다.

4장

마음

아프지 않고 자라는
마음은 없습니다

【명사】

사람이 본래부터 지니는 성격이나 품성, 사람이 어떤 일을 생각하
는 힘.

상담편지를 받다 보면 우울하고 무기력하다고, 그런 자신이 한심해서 죽을 것 같다는 내용을 볼 때가 있습니다. 그리고 그런 편지는 고학년에게서 좀 더 자주 발견됩니다. 물론 당시의 상황이 힘들어 도피하고 싶은 마음에 습관적인 무기력과 우울에 빠지는 아이들도 있을 것입니다. 근본적인 문제를 외면하고 있어서 때로는 속마음과는 전혀 다른 행동이나 감정표현을 하기도 합니다. 하지만 그렇다고 해서 그것이 아픔이 아닐까요? 그렇다고 그것이 힘들지 않은 것일까요? 곰곰 생각해 볼 문제입니다. 아프다는 아이에게 '그런 건 핑계야.'라고 하기보다는 이야기를 들어 주고 아픈 사람의 손을 잡아 일으켜 세워 주는 것이 옳지 않을까요?

어떤 사람은 "요즘 아이들은 너무 곱게 자라서 쉽게 포기하고 엄살을 부린다."라고 하기도 합니다.

그럴 때 저는 그 사람에게 묻고 싶습니다. "그래서 어떻게 하자는 것입니까?"라고요. 현재의 아이들을 받아들이고, 손을 잡고, 같이 나아가야 합니다. 지금의 세대가 입맛에 맞지 않으니 버리겠다고 할 수는 없지 않습니까? 지금은 어른이 되었으니 팔짱을 낀 채 혀를 차고 있지만, 그런 분들도 아마다들 부모님 속 한 번씩은 뒤집어 놓기도 했고, 숨겨 둔 일기장에 "우울해 죽겠다."라는 글을 쓰기도 했을 것입니다. 어른과 청소년, 부모와 자식이 아니라 '인간' 대 '인간'으로 서로를 마주할 때, 서로의 마음을 이해하는 사이가 될 수 있습니다.

안녕하세요, 신부님.

지난 3년 동안 자주 전화를 드렸지요. 그 시간이 주마등처럼 스쳐가네요. 모두 무슨 죄인처럼 눈치를 살피며 가슴 졸였던 날들. 지나고 나니 그저 허허로운 웃음만 납니다. 태연해지고 부담 주지 않으려고 참 애도 많이 썼습니다.

아이가 고등학생이 되고 얼마 안 되었을 때가 생각나네요. 그 어리던 아이가 고등학생이 되었다고 대견하고 좋다고만 느꼈는데, 어느 날 저녁 식사를 하려고 앉은 자리에서 "이제 가족이랑 밥 한 번도 제대로 못 먹겠네? 이게 뭐야. 나만 식구가 아닌 것 같아." 그러더군요.

저녁 식사 때면 온 식구가 같이 먹으면서 하루 종일 있었던 이야기를 나누곤 했는데, 그때 '아, 이제 이건 당분간 못 하겠구나.' 했지요. 그날, 아이랑 잠시 걸으러 나갔습니다.

아마, 아이가 고등학생이 되고 처음이자 마지막으로 걸으러 나갔던 것 같네요. 저녁 늦게까지 공부하고 온 아이가 힘들까 봐 "그만 들어갈까?" 하고 물었더니, "앞으로는 이렇게 엄마랑 같이 걸을 날도 드물 텐데…… 엄마, 좀 힘들어도 더 걷고 싶어요.”라고 대답했더랬지요. 그 말을 하는 아이 얼굴이 어찌나 힘들어 보이던지요.

그날을 기억하면서 스스로를 억누르려고 해도 마음대로 되지 않았어요. 성적도 그렇고, 아이의 그 엄청난 변화들. 하지만 지나고 나니 제가 아이에게 스트레스를 많이 주었던 것 같아서 미안한 마음만 듭니다.

며칠 전 아이가 울면서 저한테 그러더군요.

“그동안 나쁘게 굴어서 죄송했어요. 엄마 속 썩여서 미안해요.”라고요. 자기도 안 그러고 싶은데 공부도 안 되고 저절로 그렇게 되더래요. 둘이 같이 한참을 울었습니다.

‘아이도 다 알고 있었구나. 내 마음, 아이도 이해하고 있었구나.’ 하는 마음에 그냥 눈물이 하염없이 나더군요. 이렇게 속 깊은 아이인데 혼자 괜한 걱정을 너무 많이 했다, 하는 반성도 했습니다.

아이가 커가면서 또 이런 고비가 오겠지요.

그때마다 지금의 마음을 잊지 않고 서로의 이해와 인내가 필요하다는 걸 되새기려고 합니다.

성장

【명사】

〔국어사전〕 사람이나 동식물 따위가 자라서 점점 커짐.

〔청소년 사전〕 언제 하게 되는지 몰라 초조하게 만드는 것.

"저는 제대로 할 수 있는 것이 하나도 없어요."

"저는 도대체 왜 같은 잘못을 또 하게 되는 걸까요?"

"제가 잘 하고 있는 걸까요?"

자주 받는 질문들입니다. 저는 그 아이들에게 "네가 그 질문을 던지는 순간,

네가 힘들다고 느끼는 그 순간에도 자라고 있는 것이란다."라고 말합니다.

마음에 돋아나는 새싹

한동안 집을 비웠던 적이 있습니다. 집에 돌아와 정리를 하기 시작했는데, 글쎄 방 어두운 구석에 선물 받았던 화분의 화초가 바싹 말라 있는 것이었습니다. 집을 비우기 전 이 화분에 노란 꽃이 활짝 핀 것이 보기 좋아 흐뭇했는데, 꽃잎이 바싹 말라 있는 것을 보니 참 안타까운 마음이 들었습니다. 죽었는지 살았는지 이리저리 둘러보고서는 버려야겠다고 쓰레기통에 가져가려는데, 괜히 주인 잘못 만난 화초가 가여워졌습니다. 그래서 도로 볕이 잘 드는 창틀에 화분을 놓고 물을 한 번 주고는 또 며칠을 지냈습니다.

화분에 대한 기억을 잊었을 때쯤, 창문을 열다 다시 화분을 보았습니다. 바싹 마른 이파리와 꽃잎은 그대로였습니다. '정말 죽은 걸까?' 그래도 혹시 몰라서 물을 한 번 주고는, 이번에는 화분 전체를 샤워기로 씻어 주었습니다. 마른 잎도 떨어지고 시든 꽃잎도 떨어지고, 한결 깨끗해진 화분에는 짜리 몽땅한 화초의 맨몸만 남게 되었습니다. 그 화분의 화초는 이젠 틀린 것만 같았습니다.

'너 언제 자랄 거니? 살아 있는 거니? 죽어 있는 거니?'

맨 처음에는 그저 죽어가는 화초이기만 했던 조그마한 이름 모를 그 식물은 어느 순간부터인지 제 손끝에 제일 가까운 자리를 차지한 내 화분이 되었습니다. 시간이 흘러도 좀처럼 변하지 않는 화초의 모습과 크기에 적잖은 실망을 하게 될 때도 있었지만 어느 순간부터 그 식물에 대해 남다른 애착을 갖게 되었습니다. 그런데 비를 흠뻑 맞은 어느 날 바라보니, 너무 작아서 언제 자랄까, 자랄 수 있을까 싶었던 그 녀석이 처음 만났던 그때처럼 어린 새싹을 피워 낸 것입니다. 화초를 바라보며 저는 한동안 생각에 잠겼습니다. 바로 제가 만나고 있는 청소년들이 떠올랐기 때문이었습니다.

언제나 제일 약하고 작은 모습으로 다가오는 아이들. 어떤 소리도 어떤 힘도 내지 못하는 힘겨운 상황에 있었던, 변할 것 같지 않았던 친구들. 그 친구들이 조금씩 작은 걸음이지만 앞으로 나아가려고 했던 모습들이 제게도 아마 작은 힘이 되었던 것 같습니다. 저 또한 그 아이들을 바라보며 조금씩 자라났겠지요.

"저는 제대로 할 수 있는 것이 하나도 없어요."

"저는 도대체 왜 같은 잘못을 또 하게 되는 걸까요?"

"제가 잘 하고 있는 걸까요?"

제게 자주 오는 질문들입니다. 저는 그 아이들에게 "네가 그 질문을 던지는 순간, 네가 힘들다고 느끼는 그 순간에도 자라고 있는 것이란다."라고 말합니다.

씨앗 하나가 떨어져 새싹을 틔우기 위해서는 땅 안에서 꼬물꼬물 자라며 많은 과정을 겪어야 합니다. 하지만 사람들은 그 씨앗이 싹을 틔워 모습을 드러내기 전까지는 아무것도 자라지 않았다고 생각합니다. 그 씨앗은 땅 속에서 열심히 빗물이나 거름 같은 재료에서 자라는 데 필요한 양분을 흡수하고 땅 속에 있는 돌이나 뿌리, 흙들을 위로 밀쳐가며 자라는 중일 텐데 말입니다. 겉으로는 죽어 있는 듯 보이는 작은 식물이 이처럼 스스로 자라나는 것처럼, 청소년의 마음도 자라나고 있습니다. 순간순간이 바로 보이지 않는 성장의 과정입니다. 조금만 더 눈을 크게 뜨고 기다려 보세요. 지금도 아이들 마음의 새싹이 돋아나고 있을 테니까요.

우울

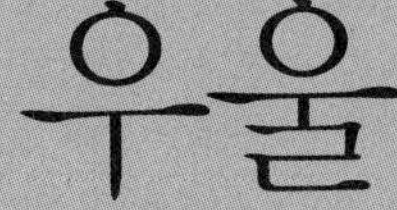

【명사】
〔국어사전〕 늘 마음이 답답하고 근심스러운 상태.
〔청소년 사전〕 늘 곁에 있는 베프(Best friend).

"첨에는 계절을 타나 했어요. 그런데 밥맛도 없고 친구들도 귀찮아요. 그리고 얼마 전부터는 계속 졸리고 몸도 늘어집니다. 인터넷 보니까 우울증과 증세가 비슷하다 그러던데. ㅠ.ㅠ 저 진짜 우울증이면 어떡하죠?"

아무것도 하기 싫고
아무도 만나고 싶지
않아요

저는 요새 젊은 친구들로부터 나이가 들었다, 흰머리가 늘었다는 이야기를 자주 듣습니다. 그리고 때때로 그런 이야기에 서글퍼지곤 합니다.

'아, 내가 나이를 먹었구나. 내가 언제까지나 청년인 것은 아니구나!'

사실 예전 같지 않은 몸을 느낄 때 저도 모르게 울적한 기분이 들곤 합니다. 제 나이 또래인 중년의 어른들은 시기적으로 정서적인 위기를 맞이하게 됩니다. 호르몬과 사회적인 영향으로 무기력함에 빠져드는 것이지요. 이런 상태는 비단 중년의 어른들에게만 해당하는 건 아닌 듯합니다. 최

근에는 10대 청소년들 역시 자신감을 잃고 무기력해지는 상
태를 꽤 심각하게 경험하기도 하고, 그것이 지속될 때 정신
적인 질환으로 연결되는 경우도 있으니까요.

　누구나 나름대로 자기 처지 안에서 고민과 아픔을 가지
고, 상처받은 기억도 가지고 있습니다. 사람에 따라 큰 문제
로 받아들이기도 하지만 극복할 수 있는 소소한 경험이 대
부분이기도 하지요. 그런데 왜 그러한 작은 충격들이 우리
자신의 꿈과 희망을 포기하게 하고, 자신에게 빠지거나 무
기력 속에 빠지게 하는 것일까요?

　재미있는 실험이 하나 있습니다. 네모난 상자에 실험용
쥐를 넣었습니다. 그 쥐는 상자 밖으로 나가고 싶어서 상자
의 벽을 긁으며 돌아다녔습니다. 그러다 한쪽 문이 열리자
그 문으로 나가려고 했지요. 그때 그 문에 전기가 들어왔습
니다. 깜짝 놀란 쥐는 물러섰다가 다시 나가려고 했습니다.
그때 또 전기가 들어왔지요. 이런 일을 여러 차례 겪으면, 쥐
는 문을 열어 놓고 전기를 넣지 않아도 그 문으로 나갈 생각
을 하지 않고 웅크리고 있게 됩니다. 무엇인가를 하려 했지
만 계속되는 부정적인 충격에 의욕을 잃어버리게 된 것입니
다. 이런 상태를 학자들은 '학습된 무기력'이라고 부릅니다.

　실수나 한 번의 실패, 잘못, 그때 우리 주변에 있는 사람

　　　　　　　　　　　　　　　청소년 사전 | 마음

들에게서 "넌 안 돼.", "넌 어쩔 수 없어.", "너 같은 건……."
과 같은 부정적인 이야기나 메시지를 계속 받으면 처음에는
그런 이야기를 거부하다가 서서히 자신도 모르게 그 내용
을 받아들이게 됩니다. 그리고 나중에는 아무도 말하지 않았
는데, 자신에게 스스로 부정적인 메시지를 계속 보내게 되는
것입니다.

"그래, 나는 안 돼."

"난 할 수 없어."

"난 어쩔 수 없나 봐."

자기 자신의 가능성을 스스로 하나씩 하나씩 포기하게 되
는 것이지요. 어느 날 그 사람에게 기회가 찾아오더라도 그
는 기회를 활용할 수 없어집니다.

"이것은 나에게 과분해."

"나에게 맞지 않아."

"나 같은 사람에게 이런 것을……."

청소년들도 살아가면서 여러 번에 걸쳐 부정적인 자극을
받게 되면 무기력해진 쥐와 똑같아집니다. 이렇게 무기력한
상태가 지속되면 소위 말하는 우울증에 빠지기 쉽습니다.

기본적으로 우울증은 생물학적, 사회학적, 심리학적 요인
등의 복합적인 이유로 발생하며, 그 치료 또한 쉽지만은 않

습니다. 우울증은 일반적으로 느끼는 우울함이나 불행감과
는 구별되는 다른 개념입니다. 많은 사람들이 일상에서 때
때로 우울 증상을 경험하지만 실제로 우울증 진단을 받는
사람은 그중 일부분에 지나지 않는다고 합니다. 무력감이
나 절망감, 수면 변화, 식욕과 몸무게의 변화 등이 잘 알려
진 우울증의 증상이지요. 하지만 청소년기의 우울증은 이
런 증상만으로는 알아차리기 어렵다는 특징이 있습니다.

　청소년기의 우울증은 종종 '위장된 우울증'으로 나타나기
도 합니다. 슬픔이나 낙심 등의 우울한 기분이 주요 증상인
성인들의 우울증과는 달리 청소년기의 우울증은 겉으로 우
울한 기분을 두드러지게 나타내지 않지만 극심한 피로감이
나 집중장애 등 부적응을 호소하거나 두통이나 복통 등의
신체적 증상으로 표출되기도 하고, 반사회적 행동이나 비행
등의 문제 행동으로 나타나기도 하지요. 따라서 아이들의
외적으로 나타나는 증상이 흔히 생각하는 우울증의 증상과
다르다고 할지라도 저변에 깔려 있는 위장된 우울증의 가능
성을 가지고 있을 수 있습니다.

　때때로 무기력하고 우울하여 무엇을 해야 할지 모르겠다
는 상담편지를 받고는 합니다. 감수성이 한창 예민할 때인
만큼 우울의 그림자도 깊게 드리우지요. 그래서 때로는 그

그림자에서 벗어나지 못하는 친구들도 있습니다.

나래는 공부도 중간 정도이고, 외모도 중간 정도인 평범한 고등학생이라고 자신을 소개했습니다. 어떤 날은 자신감에 넘치지만 어떤 날은 감정 조절이 안 돼 울컥 눈물이 날 정도로 우울해지기도 한다고 합니다. 특히 주변 친구들을 볼 때 스스로가 너무 미워진다는 것이지요.

"주변 친구들은 성격도 좋고 친구들도 많은데, 저는 그렇지 않아요. 또 어떤 친구는 머리가 좋고, 또 다른 친구는 꾸미기도 잘하지만 사실 걔는 그냥 얼굴만 봐도 예쁜 얼굴이에요. 따지고 보면 제가 제일 특징도 없고 잘하는 것도 없는 것 같아서 짜증나요. 부모님에게 이런 우울함과 무기력함을 이야기해 봐야 어차피 이해도 못 할 것 같아요. 집에 가만히 있고 싶지만 가만히 두고 볼 부모님도 아니에요. 갈 데도 없고 친구는 만나기 싫고 너무 답답해요."

자신이 없어졌을 때만큼 자신을 괴롭게 하는 때가 없는 것 같습니다. 그런 감정들은 어른들도 많이 느끼고, 그래서 때로는 헛된 무언가를 갈구하기도 합니다. 우리가 부럽다고 생각하는 사람들도 어쩌면 자신감이 없어 힘들어하거나 남을 부러워하고 있을지도 모릅니다.

저는 사람은 태생적으로 동등한 가치를 지니고 태어나며,

모두 소중한 존재라고 생각합니다. 종교적으로도 그렇고, 사회적으로도 그렇습니다. 그 가치를 다른 누구도 증가시키거나 감소시킬 수는 없습니다. 하지만 오직 자신만이 "나는 할 줄 아는 것이 없고 멋지지 않아."라는 혹독하고 파괴적인 말로 자신을 억누를 수 있습니다. 저는 사람들이 부디 그런 비교의식에서 빠져 나올 수 있기를 바랍니다. '비교'라는 덫에 빠지면 다른 사람의 좋은 점을 좋은 점 그대로 받아들이기보다는 그것을 자신의 못한 점으로 받아들이고 자신의 소중함과 좋은 점을 보지 못하게 되기 때문입니다.

청소년들은 사춘기의 호르몬 분비에 따라 감정변화의 폭이 특별히 크다는 특징이 있습니다. 따라서 친구가 없거나 홀로 내버려졌을 때 우울해지기 쉽습니다. 그러므로 부모님들은 청소년기의 아이들을 홀로 내버려 두지 말았으면 합니다. 사춘기는 아이들이 고립되지 않도록 세심하게 살펴 주어야 하는 시기입니다. 교훈적인 이야기가 아니어도 좋습니다. 어떻게 지내는지, 요즘 재미있는 일은 무엇인지 등 평소에 꾸준히 말을 걸고 이야기를 던져 주길 바랍니다. 이러한 과정을 소홀히 하면 아이들은 고립되어 스스로에게 빠져 버리기 쉽습니다.

청소년도 마찬가지입니다. 스스로 우울한 마음이 들 때, 자기 자신을 내버려 두어서는 안 됩니다. 자신을 도울 수 있는 사람은 결국 자신뿐입니다. 자신을 고독과 우울, 외로움 속에 내팽개치지 말고 우울해지기 시작하면 사람들에게 다가가야 합니다.

만사가 우울하고 무기력하다고 말하지만, 사실 근원적인 문제는 따로 있을지 모릅니다. 그것이 진로가 될 수도 있고, 가족이나 외모, 성적, 이성 문제일 수도 있습니다. 무작정 넓게 보고 '우울하고 무기력하다'라고 표현하고 납득해 버리기 보다는 '무엇' 때문인지 찾아봐야 합니다. 여러 개가 떠오른다면 꼼꼼하게 적어 보고, 그 상황들을 해결해 나감으로써 상황을 바꾸어 갈 수 있을 것입니다.

외부적으로는 자신이 아니라 주변으로 관심을 돌려 보았으면 합니다. 다른 사람을 위해 작은 사랑을 쏟아 보는 것도 좋겠지요. 방을 치우거나 주변을 정리해 보는 것도 좋습니다. 깨끗해진 주변을 보는 것으로도 기분이 좋아지겠지만, 거기에 누군가가 칭찬까지 해 준다면 훨씬 더 기쁘겠지요.

진정한 자신감은 얻어지는 것도 사라지는 것도 아닙니다. 잠시 우리의 마음에 드리운 괴로움이나 슬픔 역시 영원하지 않습니다. 모두 자신의 마음이지요. 스스로 그 괴로움과 슬픔을 몰아 내려고 노력해 보았으면 합니다.

분노

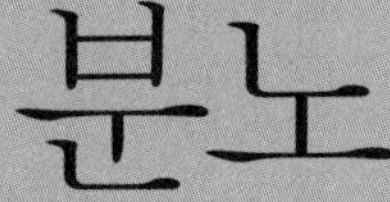

【명사】
〔국어사전〕 분개하여 몹시 성을 내는 상태.
〔청소년 사전〕 순간적으로 친 사고의 근원. 또는 돌아보면 왜 그랬는지 알 수 없는 행동의 원인이 되는 것.

다른 사람의 무시나 비난, 공격에 내가 지나치게 예민한 것은 아닌가? 다른 사람이 한 행동이나 말의 의미 또는 의도를 오해하거나 과장하고 있지는 않은가? 내가 상대방에게 거슬리는 행동을 하지는 않았는가? 다른 사람이 항상 나를 인정하고 내게 친절해야 한다는 지나친 기대를 가지고 있지는 않은가? 상대방의 행동이 나를 비난하는 것이 분명하다 해도 과연 그래서 나라는 사람의 가치가 땅에 떨어지는가?

내 마음속에
들끓는 감정

화가 날 때마다 화풀이로 승용차를 훔쳐 불을 질러온 고교생 2명이 구속되는 사건이 있었습니다. 또 경기도에서는 선생님에게 꾸중을 들었다는 이유로 중학생 3명이 교무실에 불을 지른 사건이 있었지요. 그런가 하면 전남에서는 등교를 재촉하는 어머니의 잔소리가 듣기 싫어 어머니를 폭행, 살해한 사건이 있었습니다.

소설이나 만화에서만 있을 법한 일이지만, 신문에 보도가 되기도 한 실제 사건들입니다. 그리고 그 원인은 참 안타깝게도 누구나 가질 수 있는 순간적인 분노, 흔히 하는 말로 '열받음'이었습니다. 욕을 들었기 때문에, 기분이 나빠서,

선생님들에게 꾸중을 들어서, 엄마의 잔소리가 짜증나서 이 친구들은 차를 훔치고, 교무실에 불을 지르고 심지어 어머니를 살해했던 것입니다.

부당한 대우나 무례한 일을 당했을 때, 누구나 불쾌한 감정을 느끼고 상대방이 미워지고 싫어지며 자신의 불쾌감을 되갚아 주고 싶어집니다. 어린 친구들뿐 아니라 어른들도 사소한 짜증을 참지 못하고 주위 사람들에게 마구 화를 폭발시키는 경우를 종종 볼 수 있습니다. 이처럼 화가 나는 감정은 순간적으로 일어나며 너무 강렬하기 때문에 쉽게 다스리기가 어렵고, 특히 여러 가지 고민을 가지고 있는 사춘기에는 더욱 그렇습니다. 어른이 되어서 사춘기 시절을 회상해 보면, 왜 모든 일에 그토록 이유 없이 짜증을 냈던가, 혹은 왜 고마운 충고들은 애써 무시하고 비웃으려 했던가에 대해 스스로 이해하기 어렵다고 느껴질 때가 있습니다. 다시 그 시절로 돌아간다면 아마 그렇게는 행동하지 않으리라고 많은 어른들이 생각할 것입니다.

그러나 안타깝게도 갑작스러운 분노와 공격성을 표출하는 아이들의 연령은 점점 더 어려지고 있는 것이 현실입니다. 꾸지람을 듣거나 잔소리를 한다고 부모님을 때리거나 물건을 부수거나 던지는 아이 때문에 상담을 청하는 부모님

중에는 초등학생 자녀를 둔 사람들도 있습니다. 어느 초등학교에서는 한 친구가 지나가면서 자기 책상을 건드렸다는 이유로 말다툼을 하기 시작해서 코피가 나고 팔에 금이 갈 때까지 싸운 일도 있었습니다.

아이들이 공격성과 분노를 표출하는 이유는 무엇일까요? 아이들도 어른과 마찬가지로 어떤 이유로든 스트레스를 받는데, 그것을 건강하게 표출할 방법이나 그 상대를 제대로 파악하지 못했기 때문입니다. 그래서 스트레스를 가슴에 쌓아 두다가 어쩌지 못하고 아무렇게나 부모님이나 친구에게 표출하는 것입니다.

이런 행동의 뿌리는 부모님의 교육 방식과도 연결이 되어 있다고 전문가들은 말합니다. 공격적이고 갑작스레 분노를 표출하는 아이들은 대개 '엄한 집안'의 아이인 경우가 많습니다. 엄하고 강압적인 가정교육을 받으며 감정과 스트레스를 억누르고 있다가 사소한 일로 폭발하거나 학교나 공공장소에서 극단적인 반응을 보이게 되는 것입니다. 맨 처음 소개한 예들은 이러한 파괴적인 분노가 돌이킬 수 없는 결과를 낳은 경우들입니다.

하지만 극단적인 경우는 아니라고 하더라도 학교생활 속에서 '이유를 알 수 없는' 혹은 '갈 곳을 모르는' 분노들이 엉

뚱한 곳으로 표출되는 예는 많습니다. 당하는 사람에게는 잔인할 수 있는 장난들이 그런 것들입니다. 의자에 압정을 놓아 둔다거나 복도를 지나다가 모르는 아이의 신발을 가져다 버려 버린다든지, 가방이나 옷, 책 등을 창문 밖으로 던져 버리고는 모른 척하는 경우 등이 그렇습니다. 이런 것들은 남을 배려하거나 남의 고통을 이해하는 마음이 부족해서 일어나는 일일 가능성이 높습니다. 그렇기 때문에 가정에서 남을 배려하는 마음을 길러 주어야 합니다.

아이들이 일상적으로 욕을 쓰거나 지나친 조급증을 보인다면 아이에게 스트레스와 분노가 쌓이고 있다고 생각해 봐도 좋을 것입니다. 분노가 쌓이면 마음의 병이 되고 극단적인 행동이나 공격성으로 표출되기도 합니다. 그러므로 '탈출구'를 만들어 주어야 합니다. 아이가 분노를 다스리지 못한다면, 그것은 부모님이 아이의 감정과 스트레스를 해결해 주지 못했기 때문인 경우가 많습니다. 부모님의 사랑과 관심이 아이들의 분노를 녹여 주지 못한 것이지요. 특히 어릴 때부터 공격적이 되지 않도록 막아야 하는데, 이것에 실패하면 아이들은 분노를 배우게 됩니다. 따라서 분노를 조절하는 방법을 숙지하고 있다가 필요할 때면 조절할 수 있도록 노력해야 합니다.

　분노 때문에 일을 그르치기 전에, 우리는 우리의 노력으로 화가 나는 감정을 다스릴 수 있습니다. 아마 노력해도 당장 결과가 보이지 않을지도 모릅니다. 그러나 꾸준히 시도한다면 분노의 에너지만큼이나 큰 힘을 얻을 수 있습니다. 그래서 화를 다스리는 몇 가지 방법을 소개할까 합니다.

　일단 화가 날 때 자신의 속에서 부글부글 끓고 있는 감정이 어떻게, 얼마만큼 타오르고 있는지를 조용히 느껴 봅시다. 화가 나서 속이 끓어 오르는 것을 부끄러워하거나 무시할 필요는 없습니다. 오히려 지금 자신의 치솟는 감정에 대한 솔직한 관찰과 인정이 도움이 될 수 있습니다.

　그리고 왜 화가 나는가를 찬찬히 생각해 봅시다. 어떤 상황, 어떤 일이 화나게 하는지 살펴보는 것입니다. 다른 사람의 대수롭지 않은 말과 행동이 왜 이토록 자신을 화나게 하는지, 그것이 어떻게 들렸기에 화가 나는지를 생각해 보는 것입니다.

　다음은 화가 나는 이유에 대해 스스로에게 다음과 같이 물어보는 것입니다. 다른 사람의 무시나 비난, 공격에 지나치게 예민한 것은 아닌가? 다른 사람이 한 행동이나 말의 의미 또는 의도를 오해하거나 과장하고 있지는 않은가? 혹시 자신이 상대방에게 거슬리는 행동을 하지는 않았는가?

다른 사람이 항상 친절하기를 바라고, 그들의 인정을 기대하고 있지는 않은가? 상대방이 분명히 비난의 기색을 띠고 있다고 하더라도 과연 그 비난이 자신의 가치를 떨어뜨리는가? 다른 사람의 평가나 행동에 의해 자신의 가치가 좌우되는가? 자신이 누군가를 비난하듯 다른 사람 역시 그렇지 않을까? 도대체 이토록 열을 내어 얻는 것은 무엇인가?

마지막으로, 화가 나는 감정을 밖에서 보이지 않게 억누르기보다는 적당히 표현해 보길 바랍니다. 그러나 이때 화를 어떻게 표현해야 할 것인지 좋은 방법을 찾아야 하겠지요. 분노와 공격성을 유발한 상대방에게 똑같이 갚아 주는 것이 옳은 일일지, 그로 인해 상대도 감정이 상해 상황을 더 악화시키지는 않을지, 그보다는 상대에게 자신의 불쾌감을 정중히 전달하여 상대방이 그런 행동을 더 이상 반복하지 않도록 하는 것이 더 유용하지 않을지 등을 찬찬히 따져보는 편이 좋겠지요.

화를 낼 때 온몸이 뜨거워지고 힘이 세지는 듯한 기분이 드는 것을 흔히 느낄 수 있을 것입니다. 사실 우리 각자가 가진 '분노'의 에너지는 생각보다 훨씬 큽니다. 그 에너지를 고스란히 자신의 것으로 만들어서 좋은 데에 쓴다면 어떨까요? 아주 큰 재산이 되겠지요? 화를 내기 전에 3분 정도 위의 몇 가지 질문을 스스로에게 하는 습관을 들인다면 분노의 순간 성숙하게 자신을 다스릴 수 있게 될 것입니다. 자신의 감정을 무조건 숨기는 것도, 앞뒤 가리지 않고 표출하는 것도 건강한 것이 아닙니다. 성숙한 사람이란, 자신의 감정을 건강하게 표현하고 상대방의 감정 또한 잘 수용하는 사람이라는 사실을 기억하길 바랍니다.

외모

【명사】

〔국어사전〕 겉으로 드러나 보이는 모양.

〔**청소년 사전**〕 눈을 찢어야 하거나, 코는 높여야 하거나, 턱을 깎아야 하거나, 지방 흡입을 해야 하거나, 혹은 모두 다 필요하거나.

"전 완전 비만이에요. 키는 175밖에 안 되는데 몸무게는 75나 돼요. 장난 없죠? 그래도 다른 곳은 좀 찐 정돈데 가슴이……, 아, 진짜 가슴이 완전 여자 같아요. 면티 같은 건 생각도 못 하죠. 체육복도 화장실에 가서 갈아입는다니까요."

싹 다
고치고 싶어요

중학교 3학년인 친구의 가장 큰 고민이 허벅지의 치수가 드러나는 것이라는 이야기를 들었습니다. 어떤 아이는 키와 몸매에는 만족하지만 어깨가 좁아서 고민이라고 합니다. 어떤 아이는 얼굴이 길어서, 어떤 아이는 얼굴이 동그래서, 또 너무 말라서, 너무 뚱뚱해서, 가슴이 커서, 가슴이 작아서, 성장이 빨라서, 성장이 느려서, 새치가 많아서, 손이 흉해서, 종아리가 굵어서 고민이라고 합니다.

청소년들 중에는 자기 외모와 관련하여 여러 모습으로 고민에 빠져 있는 친구들이 많습니다. 그리고 그 때문에 자신을 보다 열등하게 취급하고 애를 태웁니다. 어떤 친구는 머리가 크고 얼굴이 길다고, 다른 친구는 목이 없고 눈이 작다고, 또 다른 친구는 여드름이 많고 키가 작다고. 이런 고민에 빠져 있을 때는 흔히 이것이 세상의 어떤 문제보다 가장 큰 문제로 보이기 마련이지요. 이때는 아무것도 객관화되지 않으니까요.

제가 만났던 고등학생 동혁이도 외모와 태도 때문에 많이 힘들어하고 있었습니다. 친구들은 동혁이를 호모라고 놀리기까지 합니다. 동혁이가 몸이 가늘어서 여자 같다는 것 때문입니다. 주변에도 몸이 마르고 가냘픈 남자아이들이 있지만 동혁이는 한 번도 자신이 비정상이라거나 이상하다고 생각하지 않았습니다. 그런데 주변에서 하도 그러니 요즘은 '내가 정말 이상한가?' 하는 의구심이 들기도 합니다. 몸에 이상도 없고, 다른 친구들과 똑같은 것 같은데, 동혁이는 도대체 뭐가 문제인지, 조금 여성스러울지도 모르겠지만 그게 이상한 일인지 이해하기가 어렵습니다.

청소년기의 아이들은 주변의 영향을 참 많이 받습니다. 친구의 영향도 크지만 남자아이들은 아버지, 여자아이들은 어머니의 영향을 많이 받게 됩니다. 그래서 이 시기에는 부모님의 역할이 무엇보다도 중요합니다.

동혁이의 경우가 비정상적이거나 이상한 것은 절대로 아

닙니다. 사람은 누구나 여성적인 면과 남성적인 면을 둘 다 가지고 있습니다. 그래서 단순하게 '남성적이다', '여성적이다'라고 말할 수는 없습니다. 어쩌면 동혁이는 여성적인 부분이 조금 더 발달되었을지도 모릅니다. 하지만 여성적인 부분에는 섬세함이나 부드러움 같은 장점이 많이 있습니다. 게다가 실생활에서 친구들과 어울리면서 남성적인 면을 앞으로 충분히 발달시킬 수도 있습니다. 저는 그래서 동혁이에게 다른 친구들과 다르다는 생각으로 친구들을 기피하거나 어울리지 않으려 하지 말고 자연스럽게 운동도 하고, 같이 지내 보라고 충고했습니다.

그런가 하면 중학교 2학년인 홍주는 키가 너무 작아서 걱정입니다. 아직 160센티미터도 안 되어서 '호빗'이라고 놀리는 아이들이 많습니다. 그래도 그런 놀림은 참아 낼 수 있습니다. 하지만 친척 어른들이 "아이고, 귀엽다. 아직 아기네." 하고 어린애 취급을 할 때면 무척 화가 납니다. "형제들에게 먹을 것 다 빼앗기고 살았냐?", "먹을 걸 제대로 못 얻어먹었나."같은 말을 듣기도 합니다.

그리고 키 큰 친구들이 홍주를 작다고 보호해 주고 일을 덜어 주려 할 때도 자존심이 상합니다. 그래서 '자녀 키 180센티미터 만들기' 같은 광고를 보면 절로 손이 가고, 키를

키울 수 있는 방법이면 뭐든 찾아보곤 하지요.

서울 지역 고교생의 77퍼센트가 성형수술을 일종의 '자기 연출 수단'이라고 생각한다는 통계자료도 있습니다. 제가 만나는 청소년들에게도 그런 설문을 해 보곤 합니다. 그러면 70퍼센트 정도는 전부 고치고 싶은 곳이 있습니다. 코나 쌍꺼풀을 이제 기본이지요. 입술, 가슴, 턱, 귓불, 피부 등 아주 다양하고 구체적이랍니다.

홍주나 동혁이의 마음을 저는 무척 잘 알 수 있습니다. 저 역시 중고교 시절에 외모에 대한 열등감에 사로잡혀 있던 경험이 있습니다. 저는 아주 어릴 때 신장염을 앓아서 몸이 좀 약한 편이었고, 자라면서도 계속 몸이 마른 상태였습니다. 때문에 학생 시절 제 별명은 주로 갈비씨, 가시 같은 것이었습니다. 손목이 가늘다고 여름에는 아무리 더워도 반팔 대신 긴 팔 셔츠만 입고 다녔던 기억이 지금도 선명합니다. 남학생으로서 자존심이 몹시 상했던 탓이었습니다. 저는 아직까지도 남들에 비해 마른 체격이지만, 그때처럼 열등감을 느끼지는 않습니다. 그 심하던 열등감을 극복할 수 있는 계기가 있었기 때문입니다.

고등학교 2학년 때의 일이었는데, 당시 제가 다니던 학교와 자매결연을 한 미국의 모 대학교에서 30여 명의 여대생들이 우리 학교를 방문해 공연도 했지요. 대강당에 모인 우리에게 불러 준 그 여대생들의 아름다운 노래에 우리는 모두 신이 났습니다. 그 공연이 끝날 무렵, 사회자는 그 여대생들에게 이 학생들 중 제일 잘생긴 친구들을 하나씩 무대로 초대하여 함께 아리랑을 부르자고 했습니다. 무대에서 내려오는 여대생들을 모두 설렌 마음으로 바라보고 있었는데, 한 여대생이 우리 줄로 다가오더니 바로 제 앞에 섰습니다. 지금도 그 순간의 심정을 말로 잘 표현할 수 없지만, 반가움과 기쁨이 넘쳐 어쩔 줄 몰랐다고 하면 될 것 같습니다. 사실, 객관적으로 당시의 저는 그렇게 잘생기지는 않았습니다. 그 여대생은 아마도 자신감 없어 하는 저를 주목하고 있었겠지요. 그러나 그 사건은 제게 중요한 의미가 있습니다. '외국인이 볼 때는 내가 잘생긴 사람일 수도 있어.' 하는 생각을 하게 된 것입니다. 그날 이후, 저는 제 모습을 다른 눈으로 볼 수 있게 되었습니다. 더 이상은 부끄럽거나 혐오스러운 갈비씨나 가시가 아니라, 멋지고 괜찮은 사나이로 여기게 된 것입니다.

저는 어떤 눈으로 '나'를 보느냐에 따라 자신을 달리 여길 수 있다고 생각합니다. 자신을 사랑스럽게 보는 눈을 가지게 될 때, 자신의 삶을 소중하게 여길 수 있게 된답니다.

자신감

【명사】

〔**국어사전**〕 스스로에 대한 신뢰와 확신이 있다는 느낌.

〔**청소년 사전**〕 어른들은 자꾸 가지라고 하지만 절대로 존재할 리 없는 느낌.

"옆집 아이는 이번에 전교에서 몇 등을 했던데……."

"네 형은 그런 거 사달라는 말 안 했는데……."

"엄마 친구 딸은 날씬하고 예쁘던데……."

이런 나를 누가
좋아하겠어요?

한 학기를 마무리하는 때가 되면 아이들은 하나같이 자신의 성적표를 바라보며 스스로를 꾸짖기도 하고 야속해하기도 합니다. '조금만 더 열심히 해 볼걸.' 하며 후회하기도 하고, 또 공부를 잘하는 친구들을 부러워하기도 하지요. 비단 성적만이 아니라 사람들은, 아이들은 종종 누군가와 자신을 비교하곤 합니다.

"저 친구는 나보다 인기가 많아."

"재는 나랑 비슷하게 공부하는 것 같았는데 점수가 더 좋잖아!"

"재가 신은 운동화가 내 것보다 훨씬 더 비싼 거네?"

　　그렇게 시작한 작은 비교들은 스스로를 작은 사람으로 만들어 버립니다. 그리고 때로는 자신뿐만이 아니라 주변을 모두 힘들게 합니다. 이렇게 못난 나와 대면하는 일은 참 슬픈 일이지요. 그렇게 비교는 종종 우리를 어둠으로 끌어내립니다.

　　제가 편지로 만나게 된 승희라는 친구 역시 그 깊은 어둠 속에 있었습니다. 고등학교 3학년인 승희는 자신감 부족으로 무척 힘겨워하고 있었고, 그 때문에 공부는 물론 교우 관계에도 문제가 있었습니다.

　　승희의 머릿속에는 '나는 부족한 것 투성이다.'라는 생각이 가득해 떨치려 해도 떨칠 수가 없습니다. 생각대로, 의지대로 되는 것이 하나도 없습니다. 그러니 모든 일에 자신이 안 생기고 실천하려는 의지도 부족하여 시작하기가 겁이 납니다. 사람들이 모두 승희를 보고 있는 것만 같아서 작은 행동을 하는 것도 무섭고 엄두가 나지 않습니다.

　　자신감이 사라지고 세상에서 제일 못난 존재가 된 것 같은 기분은 시기와 나이를 불문하고 불쑥불쑥 찾아옵니다. 저는 승희처럼 스스로를 부족하고 못났다고 여기는 청소년들을 많이 만났습니다. 제 눈에는 그들의 보물이 분명하게 보이는데, 왜 정작 그들은 그것을 발견하지 못하는지 늘 안타까웠습니다.

　이런 청소년들의 공통점은 좋은 점과 소중한 점을 자신 안에서가 아니라 자신의 밖에서 찾으려고 한다는 것이지요. 자신 안에 있는 소중함과 좋은 점을 찾지 못하게 되니, 당연히 자신감은 사라지고 끊임없이 열등감에 시달리게 되는 것입니다.

　'무엇이 되기 위해' 늘 고민하는 친구에게는 자신이 가지고 있는 소중한 보물들이 보이지 않습니다. 오히려 옆의 친구들이 가진 보물들만 크게 보입니다.

　내가 가진 것, 내 보물의 귀함을 보았을 때, 자신을 사랑할 수 있게 되고, 자신감도 생겨나며, 또 자신이 가야 할 길을 그릴 수 있게 되는 것이지요.

　그리고 자신이 선택한 것에 후회하지 않는 마음 또한 중요합니다. 왼손에 깁스를 한 친구가 남은 오른손으로 축구공과 배구공을 둘 다 잡으려는 것을 보고 배운 것이 있습니다. 한 손만으로 축구공을 집기 위해서는 배구공을 버려야 한다는 것이지요. 무언가를 선택한다는 것에는 버려지는 것이 따르기 마련입니다. 무엇인가 선택을 했다면, 뒤돌아보지 않고 자신의 선택을 위해 앞을 향해 담대하게 나아가는 힘이 필요합니다. 그렇게 나아가다 보면 어느새인가 달라진 자신을 발견할 수 있을 것입니다.

'괄목상대'라는 말이 있습니다. 다른 사람이 몰라보게 부쩍 자랐을 때, 눈을 비비며 이 사람이 내가 알던 그 사람이 맞나? 다시 살피게 된다는 뜻이지요.

제가 알고 있던 젊은 친구들이 양복을 말끔하게 차려입고 오랜만에 저를 찾아올 때면 저는 어김없이 눈을 비비고 그 사람을 쳐다봅니다. 그 사람의 철부지였던 때가 떠오르면서, 키도 크고 생각도 많이 성숙해진 친구들이 많이 대견스러웠기 때문입니다. 신경을 못 쓰는 사이 훌쩍 자라 버린 마당의 화초나 앙상하던 가지에 어느새 푸른 잎이 무성할 때면 그런 기분을 느끼곤 하지요.

그러고 보면 괄목상대는 하루아침에 이루어지는 일이 아닌 것 같습니다. 다른 사람이 관심을 갖든지 말든지 묵묵히 변화를 일구어야 하니까요. 대단한 결과는 알찬 과정 속에 숨어 있는 셈입니다.

독일의 문호인 헤르만 헤세는 이런 말을 남겼습니다.

"중요한 일은 다만 자기에게 지금 부여된 길을 한결같이 똑바로 나아가고, 그것을 다른 사람들의 길과 비교하거나 하지 않는 것이다."

나 스스로를 평가할 때, 평가의 기준을 다른 사람이 아닌 자신으로 바꾸어 보았으면 합니다. 어떤 목표를 세워야 할 때, 다른 사람이 이룬 것을 따라가는 것이 아니라 자신을 기준으로 그 목표를 정해 보는 것입니다. 이전에는 극복하지 못했던 부분, 바라는 모습 등으로 말입니다. '지난 학기에는 이만큼 올렸으니 이번엔 한 단계 더 나아가 봐야지.', '작년에 포기했던 운동을 올해는 다시 도전해 봐야지.' 하는 식으로 말이지요. 그리고 그 목표를 성취해 냈을 때, 얻는 만족감에 집중하길 바랍니다. 괄목상대를 꿈꾸어 봅시다. 자신도 모르는 사이에 괄목상대 할 수는 없습니다. 남들이 모를 때에도 꾸준하고 묵묵하게 변화를 일궈야 가능하지요. 꿈틀거리며 땅을 기는 애벌레가 한순간에 나비가 되어 날 수 없는 것과 마찬가지입니다. 갑작스러운 탈바꿈은 있을 수 없습니다. 그렇다면 자신을 변화시키기 위해 지금 무엇을 하고 있습니까?

여유

【명사】

〔국어사전〕 느긋하고 차분하게 생각하거나 행동하는 마음의 상태.

〔청소년 사전〕 가졌다가는 성적 떨어지고 대학 못 가고 인생 망하게 하는 마음의 상태.

"초등학교 때는 공부를 잘했는데, 학년이 오르면서 점점 떨어져요."

"왜 나는 이것밖에 안 되는 걸까요? 아무리 노력해도 성적이 잘 안 올라요."

"부모님 기대를 무시해 버릴 수도 없고, 학력 차별 없는 시대가 온다고 말들은 하죠. 그렇지만 졸업장 없이 제가 뭘할 수 있겠어요?"

"집에 돈이 없다고 저보고 그만 하라니. 돈 때문에 내 꿈을 포기해야 하는 이 현실이……."

평생 루저로
살 것 같아요

우리는 지금까지 사회에서 성공할 수 있는 요인을 두 가지로 생각해왔습니다. 좋은 학벌과 지능지수(IQ)로 대변되는 좋은 머리입니다. 물론 성공하는 데 이 두 가지는 큰 도움이 됩니다. 그러나 그것만 가지고는 성공할 수 없고, 또 행복할 수도 없다는 것이 요즘의 정론입니다. 요즘에는 성공하고 행복해지기 위해서 필수적으로 필요한 것이 바로 감성지수(EQ)라고들 합니다. 이 정서적 능력이 높을수록 공부도 잘한다는 연구결과도 있지요. 이제 머리가 좋다고, 지능지수가 높다고 공부를 잘하는 것은 아니라는 것입니다.

과거에는 대기업들의 사원채용 기준은 좋은 학벌과 우수

한 성적이었습니다. 그런데 시간이 지나면서 한 사람의 '사람됨'과 원만하게 사귈 수 있는 '사회성'이 중요하다는 판단을 내리게 되었습니다.

그래서 요즘 몇몇 회사들의 경우, 면접을 먼저 보고 성적과 학벌은 그 후에 확인하는 방식으로 채용하기도 합니다. 그만큼 현대사회가 인재의 중요한 능력 중 하나로 정서적인 능력을 꼽고 있음을 알 수 있습니다. 감성지수(EQ), 이 간단해 보이는 단어 속에는 대인관계, 도덕적인 능력, 자기 통제력, 유혹에 대한 저항력, 목적의식, 주의집중력, 지구력, 인내심, 사회성 등 사람이 살아가는 데 도움이 되는 많은 의미가 담겨 있습니다. 사회적으로 성공하거나 공부를 잘하기 위하여 감성지수(EQ)를 키우는 것은 매우 중요합니다. 그런데 영국 옥스퍼드 브룩스 대학의 도너 조하 교수는 "인간에게는 제3의 지능이 있다."라고 주장합니다. 바로 영성지수(SQ)입니다. 영성지수는 의미와 가치의 문제를 다루고 해결하는 영성적 능력으로 지능지수, 감성지수와 더불어 학자들에게 주목받는 능력이지요. 영성지수는 주어진 규칙이나 상황에 순응하기보다 자신에 맞게 상황을 바꿀 수 있는 창조적 능력으로, 지능지수와 감성지수의 토대가 된다고 합니다. 설사 지능지수나 감성지수가 나빠 다른 능력이 떨어진다 하더라도 영성지수가 좋으면 새로운 가치를 창조할 수 있습니다. 이러한 정서적인 능력과 영성적인 능력을 키우기 위해서는 중요한 자기만의 작업이 필요합니다. 나를 단단히 채우기 위한 나만의 작업, 어떻게 해야 하는 것일까요? 또 학습하고 시험을 보는 등으로 바쁘게 무언가를 해야 하는 것일까요?

오늘 날 지하철, 버스에서 만나게 되는 친구들은 이어폰으로 무언가를 듣고 있거나, 스마트폰을 보고 있는 등 무언가를 반드시 '하고' 있습니다. 우리는 때때로 무언가 해야 한다는 강박에 빠집니다. 그러나 무엇인가 '하는 것(Doing)'에 초점을 맞추는 것이 아닌 '존재하는 것(Being)'에 초점을 맞추는 것이 중요합니다.

'존재하는 것'에 초점을 맞추기 위해서는 자기 자신을 자각해야 합니다. '나는 어떤 사람인가?', '내가 원하는 것은 무엇인가?'와 같은 질문을 던지고, 자신에 대해 생각할 시간과 공간이 필요합니다. 그래서 하루 중에 의식적으로 이어폰과 스마트폰을 만지는 등 무엇인가 '하는 것'을 멈추고 혼자 머무는 연습을 해야 합니다. 이때 바로 삶의 여유가 찾아옵니다. 여유는 거저 주어지는 것이 아니라 스스로 선택할 때 찾아옵니다. 이렇게 홀로 머물 때, 영성지수(SQ)가 자신 안에서 계속 샘솟게 됩니다. 그래서 침묵이 중요한 것이지요. 많은 영성가들은 말합니다.

"혼자 머물러 있어라. 거기에서 너 자신의 삶의 여유가 주어진다."

사실 영성지수의 가장 중요한 핵심은 삶의 '관조'입니다. 자기 자신에게서 한 발 떨어져 객관적으로 상황을 바라보고 판단하는 것이지요. 고요한 마음으로 현상을 볼 때 가능한 것입니다. 오늘날 학교 교육은 지식을 주입해 주기는 하지만 그것을 내면화할 수 있도록 도와주지 못하고 있습니다. 내면화되지 않은 지식은 삶을 창조적으로 개척해 나가는 데 제한적인 도움만 줍니다. 우리가 홀로 머물 때, 습득한 지식을 내면화하게 되고 삶 안에서 주어지는 갈등을 창조적으로 뚫고 나가는 법을 터득하게 됩니다. 이때 인간은 여유 있고 너그러워지며, 삶을 건강하게 가꿀 수 있는 것이지요.

조급한 마음으로 분주하게 살아가는 수많은 청소년들에게 자신의 마음 안에 사막을 가져다 두라고 말하고 싶습니다. 언젠가 '죽음의 계곡'이라고 불리는 미국의 데스밸리 사막에 가 본 적이 있습니다. 그 사막은 매우 고요하고 황량해 홀로 머물 수밖에 없는 곳이었습니다. 그 고요함과 황량함 속에서 고독함이 밀려들었지만, 그 거대한 자연 속에서 저는 곧 평정심을 찾게 되었습니다. 고요한 침묵의 시간 안에서 홀로 머무를 때, 삶 안의 조급함과 걱정을 내려놓을 수 있습니다. 그리고 그때 비로소 여유가 찾아옵니다. 마음이 조급해지고 불안감이 찾아올 때 마음 안에 사막을 가져와 보길 바랍니다. 그 침묵의 시간 안에서 곧 마음이 평화로워지게 될 것입니다.

대화

【명사】
〔국어사전〕 마주하여 이야기를 주고받는 일. 또는 그 이야기.
〔청소년 사전〕 하고 싶었고, 하지 못했고, 쓸모없어진 것. 또는 그 이야기.

대화를 하지 않는 부모님과 아이들은 이상하게도 다른 세대인데도 서로 비슷한 말을 합니다.

"이야기해서 뭘해요. 어차피 제대로 듣지도 않는데. 제 말을 듣기나 하나요? 어차피 자기 맘대로 할 텐데요. 뭘."

말하지 않는데
어떻게 알아요?

"엄마, 아빠랑은 말이 안 통해요."

"도대체 우리 애는 무슨 생각을 하는지 통 알 수가 없어요."

많은 청소년과 부모님들이 저와 상담할 때 하는 이야기입니다. 부모님과 청소년들 모두 다른 세계에 살고 있는 것도 아닌데, 공통의 관심사도 있고 쓰는 언어마저 같은데도 왜 이렇게 다른지 모르겠습니다. 이게 바로 세대차이라는 것이겠지요.

친구들과는 그렇게도 잘 통하고 재미나던 이야기들이 부모님 앞에서는 쓸데없는 소리가 될 때, 용기 내서 말한 마음이 부모님 앞에서 말도 안 되는 이야기가 될 때 아이들은 부모님과는 세대차이가 난다는 생각을 합니다. 한편으로 부모님들은 아이의 재미있는 이야기를 도통 이해할 수 없을 때, 또 아이가 용기내어 한 말을 현실적으로 실현시키기 어려울 때 답답함을 느낍니다. 그럼, 부모와 아이들 사이는 이제 정말 평행선을 달릴 수밖에 없는 걸까요? 그렇게 각자의 시대에 갇힌 채 말입니다.

부모님과 청소년들은 살아온 시대가 다르기 때문에 서로에 대한 이해의 차이가 생길 수밖에 없습니다. 그렇지만 서로의 차이를 좁힐 수 있는 좋은 방법이 있습니다. 바로 '대화'입니다. 우리는 가족들과 하루에 몇 마디의 대화를 나누고 있을까요?

부모님들 중에는 아이와 대화를 나누고 싶지만 무엇으로 이야기를 시작해야 할지 모를 때도 있을 것입니다. 낯설기도 하고 아이가 퉁명스럽게 굴면 어쩌지? 하는 걱정도 들 것입니다.

나이와 상관없이, 스스로를 표현하지 않으면 상대방은 그 마음을 알 수 없습니다. 부모님들은 "내 자식인데 내가 왜 모르냐?"라고 이야기합니다. 그러나 이런 것이 부모님과 자녀 사이의 소통을 막는 장애가 됩니다.

아기들은 태어났을 때 울음으로 자기를 표현합니다. 배

　　　　　　　　　　　　　

가 고플 때, 배변을 했을 때, 슬플 때, 고독할 때 등 각기 다른 울음으로 표현하면, 부모님은 그것을 듣고 아기의 필요를 알아챕니다. 그러나 사춘기가 시작되면서 청소년들은 표현하기를 멈춥니다. 동시에 어른의 마음을 알아들을 수 있는 성숙함이 부족하기 때문에 때로는 부모님의 표현법에 걸려 메시지를 왜곡하기도 하지요. 이때부터 부모님은 자녀들의 메시지를 알아듣지 못하게 되고, 아이들 또한 부모님의 메시지를 알아듣지 못하게 됩니다. 이러한 부모님과 자녀 사이의 의사소통을 개와 고양이에 비유해서 볼 수 있습니다. 개는 기분이 좋으면 꼬리를 흔들고, 긴장할 때는 꼬리를 곧추세웁니다. 하지만 고양이는 반대로 꼬리를 세우는 것이 좋다는 뜻이고, 꼬리를 흔드는 것은 적의를 표현하는 것이지요. 그렇기 때문에 반가워서 꼬리를 흔드는 개를 보며 고양이는 싸움의 신호를 받게 됩니다. 또, 고양이가 기분이 좋아 꼬리를 세우면 개는 경계하며 으르렁거리지요. 청소년기의 부모와 자녀들도 마찬가지 입니다. 이때 가장 중요한 것은 '질문하기'와 '경청하기'입니다. 상대방의 마음을 꿰뚫을 수 있는 질문을 던지고, 표현의 미성숙함에 걸리지 않고 마음을 읽는 방법을 공유해갈 때 부모님과 아이들은 서로에 대한 이해의 폭을 넓힐 수 있을 것입니다.

청소년들 중에도 부모님과 대화를 나누고 싶기도 하지만 조금은 낯간지러워져 그만 용기를 내지 못할 때가 있을 것입니다. 집을 나설 때, 집에 돌아왔을 때, 배고플 때, 용돈 받을 때, 혹시 그 외의 시간에는 방문부터 닫아 버리지는 않는지 돌아보았으면 합니다.

친구들과 이야기를 나눌 때에 보통 어떤 이야기들을 나누곤 하나요? 요즘 재미있어하는 것이나 어제 본 텔레비전에서 봤던 이야기 등 특별한 이야기는 아니지만 자신의 생각과 마음을 표현할 수 있는 어떠한 소재라도 대화를 나눌 수 있는 좋은 이야깃거리가 됩니다.

왜 가족과는 이런 이야기를 나눌 수 없는 것일까요? 사실은 이런 사소한 이야깃거리들이 서로의 생각과 살아가고 있는 모습을 보여줄 수 있는 소재가 됩니다. 먼저 상대에게 자신을 알리고 나면 이해받는 것은 훨씬 더 쉬워집니다. 사소해 보일 수 있지만 그 이야기들은 하찮거나 쓸데없는 이야기들이 아니라 요즘 청소년들의 생각과 고민을 알아볼 수 있고, 또 부모님의 생활과 고민을 이해할 수 있는 원천이 됩니다.

이야기를 하기만 해서는 안 됩니다. 서로의 이야기에 귀를 기울여야 합니다. 부모님이 하는 이야기를 무조건 잔소리로만 받아들일 것이 아니라, 그 속에서 부모님이 가진 꿈이나 희망, 또 '나'를 통해서 이루고자 했던 것들을 볼 수 있습니다. 그리고 그것을 통해서 부모님을 이해할 수 있겠지요. 반대로 부모님들은 아이가 이야기를 들음으로써 아이의 꿈, 아이가 생각하는 미래를 보면서 앞으로의 삶을 계획할 수도 있습니다. 그렇게 서로가 서로를 조금씩 이해할 수 있게 될 것입니다.

많은 아이들이 시간이 흐르고 학년이 올라가면 갈수록 부모님이 작아지는 것만 같다는 이야기를 합니다. 부모님의 어깨와 자신의 어깨가 나란해지는 것을 느낀다고들 하지요. 성장함에 따라 청소년들은 자연스럽게 자기 주장을 하게 됩니다. 하지만 어떤 부모님은 그런 아이의 변화와 주장을 "머리 굵어졌다고……." 하며 억누르려 하기도 합니다. 하지만 아이의 자기 의견 주장은 부모님과 자녀의 관계가 좋은 친구 사이로 변화하고 있음을 알리는 하나의 사인입니다.

마음을 열고 조금씩 서로가 살아 가고 있는 세상을 공유해나갈 때, 부모님과 자녀들은 서로의 시대에 갇혀 버린 말이 안 통하는 사람들이 아니라, 좋은 동반자가 될 수 있을 것입니다. 세대차이라는 것은 나이에서 비롯된 것이 아니라 마음에서 비롯된 것이라는 것을 기억하며, 오늘은 방문도 마음도 활짝 열어 봅시다.

거북이

【명사】

(국어사전) 파충강 거북목의 동물을 통틀어 이르는 말.

(고길동 사전) 느리게 제 속도를 유지하여 가다 보면 언젠가 목적지에 닿는 동물.

단계에 맞추어
거북이처럼 갑시다

저는 새해가 밝으면 몇 가지 일을 반드시 합니다. 우선 선물 받은 달력을 책방과 사무실 등 곳곳에 걸어 둡니다. 또 새 수첩에 잊지 말아야 할 날들과 전화번호를 다시 적고, 친지들과 어른들에게 신년인사를 담은 정성스런 연하장을 보내고요. 아마 여러분들의 새해 맞는 모습도 그다지 다르지 않을 거라고 생각합니다.

이렇게 모든 것이 새롭게 시작되는 때에 저는 꿈을 향해 다시 계획을 짜고, 실천해 나갈 친구들의 모습을 떠올리곤 한답니다. 일일이 이야기를 듣지 않아도, 저는 믿고 짐작하고 있습니다. 우리 친구들이 한 사람 한 사람마다 고유하게 성취하고자 하는 목표를 향해서 나아가고 있다는 것을요.
어떤 친구는 유명한 작가가 되기 위해 열심히 글을 써 보기
도 하고, 어떤 친구는 훌륭한 연주자가 되기 위해서 멋지게
음악을 연주하기도 하며, 또 어떤 친구는 뛰어난 운동선수
가 되기 위하여 오늘도 부지런히 뛰고 있을 것입니다.

친구들은 가끔 제게 말합니다.

"신부님, 전 자신이 없어요. 제가 잘하고 있는 걸까요?"

"처음부터 다시 시작하기에 너무 많이 온 것 같아요."

그런 이야기를 듣다 보면 저는 궁금해집니다. 누구의 눈
으로 그것을 바라보고 있는지요. 우리는 가끔 자신의 길을
자신의 눈이 아닌 다른 사람의 눈으로 판단하는 경우가 종
종 있습니다. 자신이 아닌 다른 사람의 시선에 민감하게 반
응하면서 이렇게 가다가 다시 저렇게 가고 오른쪽으로 가다
왼쪽으로 가고, 그러다 보면 어느새 지쳐서 더 이상 앞으로
나아갈 힘이 없어지게 됩니다.

이솝우화 속 〈토끼와 거북이〉 이야기를 잘 아실 것입니다.
어느 날, 달리기를 잘하는 토끼와 느릿느릿한 거북이는 달리
기 시합을 하기로 했지요. 원래 날쌨던 토끼는 어느 정도 빨
리 달리다가 꾀를 부려 낮잠을 자고, 속도는 느리지만 끝까
지 포기하지 않았던 거북이가 마침내 경주에서 이기게 된다

는 이야기 말입니다.

우리는 이 이야기를 경쟁적 관점과 목표달성의 관점, 두 가지 관점을 통해 바라볼 수 있습니다. 경쟁적인 관점에서 이 이야기를 보았을 때는 토끼가 거북이와의 경쟁에서 졌다는 것까지밖에 볼 수 있지만, 목표 달성의 관점에서 보았을 때는 거북이가 목표를 달성하는 힘이 무엇인지를 바라볼 수 있게 됩니다.

거북이가 이기기 위해 노력하는 과정에는 매우 중요한 키워드 두 가지가 있습니다. 그것은 '꾸준하다'와 '집중하다'입니다. 첫 번째는 목표를 달성하기 위해 '꾸준히' 했다는 것이고, 또 하나는 그 과정 중에 한눈팔지 않고 '집중'했다는 것입니다. 만일 거북이가 '꾸준히' '집중'을 하지 않았다면 자신의 목표를 달성할 수 없었을 것입니다.

이렇게 목표를 향해 꾸준하게 집중하며 나아갈 때, 우리는 자신의 목표를 이룰 수 있습니다.

발레리나 강수진 씨의 발을 본 적이 있습니까? 아주 아름다운 외모에 예쁜 발레복을 입고 마치 천사처럼 무대 위를 다니는 그 발레리나의 발은 마치 사방에 작은 돌멩이들이 붙어 있는 것처럼 굳은살로 울퉁불퉁했습니다. 무대에서 빛나기 위해 정말 쉴 새 없이 훈련한 결과일 것입니다.

　　강수진 씨는 청소년들을 대상으로 한 강의에서 자신의 어
린 시절을 "중3 때, 나는 새벽 4시에 일어나 남산 도서관에
서 공부하고, 방과 후 발레 연습을 하다 저녁 때에는 예습,
복습을 하고 10시쯤 잤어요."라고 회상하면서, 너무나 힘든
일과였기에 이제는 고통을 친구로 여긴다고 했습니다. 발
레나 공부나 벼락치기는 안 통한다고 말하면서 "힘들게 안
살면 나중에 기쁠 때도 얼마나 기쁜지 몰라요. 인생은 동그
라미 같아서 오르막이 있으면 내리막도 와요. 친구들하고
떡볶이 먹을 때 행복하죠? 그렇게 작은 행복에 감사하세요.
때론 울면서 다시 시작하는 거예요."라고 했습니다.

　　그런 이야기를 우리 청소년 친구들과 나누고 싶습니다.
자신의 힘겨움을 털어놓는 친구들을 만날 때마다 그 힘겨움
안에서 자신을 발견하고 오롯이 미래를 향해 나갈 용기를
가지라고 이야기했습니다. 왜 하느님께서 이렇게 힘든 고
통을 주시냐고 호소하는 친구들을 만날 때면 하늘에서 내려
온 동아줄의 비유를 말해 주었습니다. 하느님께서 너에게
동아줄을 하나 내려 주시는데, 힘든 고통을 겪을 때에는 그
끈이 끊어졌다가 어려움을 이겨 내고 하느님께로 돌아갈 때
면 다시 이어지는 매듭이 생기고, 도 다른 고통에 끊어지기
도 하고 다시 매듭이 생겨난다고요. 이런 과정이 반복되는

가운데 결국 하느님과 자신의 거리는 더욱 가까워지는 것이
라고 말이지요.

이 비유를 설명해 주고 나면 어떤 친구는 또 질문합니다.

"끊어졌다가 이어지고, 끊어졌다가 다시 이어지고 할 동
안 시간이 많이 걸릴 텐데, 그냥 하느님께서 동아줄을 잡아
당겨 주시면 가까워지지 않을까요?"

질문을 받고 처음에는 천진한 그 친구의 생각에 빙그레
웃었는데, 곱씹을수록 입 안이 씁쓸해졌습니다. 빠르게, 한
번에, 조금 더 쉽게 무언가를 이루어내는 세상살이에 길들
여져 있는 우리 아이들의 모습이 보였기 때문입니다.

힘들게 살지 않으면 기쁠 때도 얼마나 기쁜 것인지 알지
못한다던 강수진 씨의 말이 뇌리에 깊게 박힌 이유도 거기
에 있는지 모르겠습니다. 진정한 기쁨을 알고 진정한 행복을
느낄 수 있기 위해 자신의 힘겨움도 담대한 마음으로, "그래,
한 번 해 보자!" 하는 용기로 받아들이고 하루하루 나아가기
를 바랍니다. 그리고 우리에게는 자신의 인생을 만들어갈 수
있는 힘이 담겨 있다는 것을 잊지 않기를 바랍니다.

사랑

【명사】
〔**국어사전**〕 상대를 아끼고 소중히 여기며 열렬히 좋아하는 마음.
〔**고길동 사전**〕 상대에게 저절로 기울어지는 마음이 샘처럼 솟아서 또 다른 상
대에게로 그 마음이 넘쳐흐르게 되는 것.

* 이 글은 《그 안에 사랑이 있었다》에 수록된 조재연 신부의 글 〈사랑한다면, 사랑이
흐르게 하십시오〉 전문을 재수록한 것입니다.

사랑한다면,
사랑이 흐르게
하십시오

날이 훤히 밝아오고 있었습니다. 밤새 먼지가 가라앉았지만 마닐라의 아침 공기는 충분히 맑지 않았습니다. 2004년 11월 27일 새벽. 저는 또 다시 뜬 눈으로 밤을 새고 말았습니다.

당시 저는 필리핀 마닐라에서 힘든 시간을 보내고 있었습니다. 천주교 서울대교구의 청소년 사목 담당 신부로서 햇수로 10년간의 소임을 마친 후, 주어진 공백은 달콤한 휴식이 될 수도 있었지만 정작 저는 충분히 즐기지 못하고 있었습니다. 아직 만나야 할 청소년이 많고, 그들을 위해 해야 할 일이 많다는 생각에 조바심만 커져 갔습니다.

　마닐라 동아시아 사목센터의 열악한 생활환경이나 언어
적인 장벽, 문화적인 차이, 입에 맞지 않는 음식 등은 차라
리 작은 문제였습니다. 한국에서 겪었던 사람들의 몰이해
와 오해, 그리고 그에 따른 루머들이 필리핀까지 쫓아와 저
를 놓아주지 않았습니다. 그 무엇보다 가슴 아픈 일은 10년
간 교구 담당 사제로서 무수한 밤을 새워가며 기틀을 다져
놓은 조직과 양성체계가 허물어지는 모습이었습니다. 청소
년 사목의 일꾼으로 이제 막 단련되기 시작한 젊은 친구들
이 떠나가고 있다는 소식에 저의 가슴도 무너지곤 했습니
다. 지난 15년간 교회 안에서 얻은 청소년 사목의 전문 지식
과 현장 경험을 모두 쏟아 붓고, 숱한 시행착오를 거쳐 만든
조직과 사람이었기에 안타까운 마음을 누를 길이 없었습니
다. 외로움과 심리적인 좌절은 열병이 되었고, 시름시름 앓
는 날이 많았습니다. 아직 구원해야 할 청소년이 많고, 그들
을 위해 해야 할 일이 많다는 생각에 조바심이 커지는 날은
'내가 왜 여기에 와서 40대 중반의 나이에 이러고 있나'라는
회의로 이어지곤 했습니다. 하지만, 타지에서 제가 할 수 있
는 일은 6개월 전, 한국을 떠나올 때 세웠던 학업의 뜻을 다
잡아가는 것뿐이었습니다. 마더 테레사가 남긴 다음과 같
은 이야기는 그런 저에게 항상 힘을 주었습니다.

　　　　　　　　　　　　　　　　　청소년 사전

"당신이 선한 일을 하면 이기적인 동기에서 하는 것이라고 비난 받을 것이다. 그래도 좋은 일을 하라. 당신이 여러 해 동안 만든 것이 하룻밤에 무너질지 모른다. 그래도 만들라. 사람들은 도움이 필요하면서도, 도와주면 공격할지 모른다. 그래도 도와주라. 세상에서 가장 좋은 것을 주면 당신은 발로 차일 것이다. 그래도 가진 것 중에서 가장 좋은 것을 주라."

차츰 긴 호흡으로, 하느님의 시선으로 지금 나에게 일어나고 있는 현상과 사건들을 바라볼 수 있었습니다. 아픈 마음을 걷어내고 생각해 보면, 제가 앞서 기나긴 시간 동안 쌓았던 지식과 경험, 특별한 체험은 우리 교회의 어느 누구도 가지지 못한 것이지만 또한 제 것도 아니었습니다. 그것은 교회가 저에게 부여한 선물이자, 교회의 것이며, 모두의 것이었습니다. 제가 몰이해나 오해 때문에 지금껏 해오던 것을 포기한다면, 모두가 누려야 할 교회의 경험과 선물이 사라지는 것이었습니다. 저는 제가 받은 것을 다시 교회의 몫으로 봉헌하고 싶어서 공부를 선택했고, 이 공부를 통해 더 나은 '도구'가 되어 교회를 위해 사용되고 싶었습니다. 누구를 비난하고, 누구를 탓할 수 있는 일이 아니라는 것을 깨닫고 나자 하느님께서 저에게 주신, 저에게 꼭 필요했던

긴 침묵 속으로 기꺼이 들어갈 수 있었습니다. 그것은 제가 통과해야 할 하나의 과정이자, 교회를 위한 시간이었습니다. 그리고 마음이 흔들릴 때마다 저는 가슴에 담고 있던 본질적인 질문을 다시 꺼내어 오랫동안 바라보곤 했습니다.

'나는 왜 청소년 사목을 하도록 불렸는가?'

끊임없이 계속되어온 질문이었습니다. 노동자, 어린이, 노인, 장애인, 거리의 사람들까지, 이 세상에는 여러 부류의 사람들이 고통 받고 있습니다. 사실 저는 신학교 시절 노동자 사목에 더 많은 관심을 가지고 있었습니다. 그런데 왜 하필 청소년이 사제로서의 제 삶에 들어왔을까요?

나름대로의 해답을 찾자면 이렇습니다. 하나의 성소(聖召), 곧 하느님의 부르심은 반드시 그 사람이 살아온 삶을 반영한다는 것입니다. 고기 잡던 어부들이 사람 낚는 어부가 되고, 유대교의 신봉자였던 사울이 그리스도의 사도로 극적인 변화를 이룬 것처럼 말입니다.

제 경우도 마찬가지였습니다. 여덟 남매 중 막내로 태어난 저는 사랑을 많이 받으며 자랐습니다. 누나와 형들의 귀여움을 독차지했고, 모든 형제들에게 엄하셨던 아버지조차 제게는 예외셨습니다. 할머니가 살뜰히 모아두신 쌈짓돈은 제게 용돈이 샘솟는 창고였습니다. 가족들의 사랑은 지금 생각해도 가슴 아릴 정도로 넘치는 것이었는데, 그중에서도 제게 쏟으시는 어머니의 사랑은 이루 말할 수 없을 정도였습니다.

어린 시절의 저는 몸이 허약하기까지 하였으니, 어머니는 저를 더욱 극진히 돌볼 수밖에 없었습니다. 여섯 살쯤 되었을 때의 일입니다. 당시 저는 신장염에 걸려 사경을 헤맬 지경에 이르러 있었습니다.

자그마치 1년 동안 먹을 수 있는 것이라곤 흰죽과 병원 간장뿐이었습니다. 조금이라도 다른 음식을 먹으면 이내 체해버렸기 때문입니다. 영양분을 충분히 섭취하지 못하자 몸은 더 바짝바짝 말라갔습니다. 참다못한 어느 날에 밥을 조금 먹었는데 그만 식중독에 걸리고 말았습니다.

갑자기 상태가 악화된 저는 병원으로 실려 가게 되었고, 그곳에서 우연히 어른들이 하는 이야기를 듣게 되었습니다. 잘못하면 제가 죽을 것이라는 말이었습니다. 어린 나이였으니 죽음이 무엇인지는 잘 몰랐지만, 막연히 어머니와 떨어지게 되는 것이라고 생각하니 두렵고 무서워졌습니다.

이후 집에 돌아오고 나서 어머니에게 물었습니다.

"엄마, 엄마는 내가 죽으면 어떻게 할 거야?"

"응, 네가 죽으면 부엌 찬장 옆에 유리 상자를 만들어서

밥할 때 보고, 설거지할 때 한 번 보고 할 거야. 그렇게 엄마 곁에 둘 거야. 그러니까 걱정 말렴."

그 말씀을 들은 후, 저는 죽더라도 어머니가 함께 있을 것이라는 생각에 마음이 안정되었고, 두려움과 걱정에서 헤어날 수 있었습니다.

* * *

오랜 시간이 지난 후, 사제가 된 저는 백혈병으로 어린 아들을 잃었던 한 어머니를 만난 적이 있습니다. 그 어머니는 아들이 죽음에 대해서 이야기할 때마다 "가슴을 칼로 찌르는 것 같습니다."라고 말씀하셨습니다. 그때 저는 비로소 제 어머니의 마음을 헤아려볼 수 있었습니다. 제 어머니는 그때 얼마나 마음이 아프셨을까요? 그럼에도 불구하고 병든 아들의 질문에 아무렇지도 않게 대답하시며 아들을 안심시키셨던 어머니의 마음은, 지금 생각해 보면 하느님 마음이었던 것 같습니다. 병약한 저를 무사히 키워낸 것은 어머니의 사려 깊은 사랑이었습니다.

제 어머니는 오랫동안 함께 가족과 계셔 주시지 못했습니다. 제가 열세 살이 되던 해에 어머니가 돌아가셨지요. 여전

청소년 사전

히 저를 넘치게 사랑해 주시는 아버지와 할머니가 계시고, 막내인 저를 보살펴주는 형제들이 있어도 어머니 사랑을 대신하지는 못했습니다.

2년 반 후에는 아버지마저 암으로 세상을 떠나셨습니다. 부모 없이 보냈던 중학교와 고등학교의 시간을 돌이켜볼 때마다, 저는 시커먼 터널을 혼자 걷고 있는 비쩍 마른 소년이 떠오릅니다. 그 장면에는 색조차 없어서 온통 뿌연 회색입니다.

그때 저는 삶에 자신이 없었습니다. 사춘기가 겹치면서 마음 안에서 솟아오르는 알지 못할 공허감과 분노, 그리고 부모가 없다는 박탈감으로 무력했습니다. 친구들과의 사귐도 활발하지 못할 정도로 늘 우울하고 열등감에 시달렸습니다. 지하 전세방에서의 침침한 시간들을 견디며 혼자서 하염없이 하늘만 바라보던 소년이 제 청소년기의 주인공이었습니다.

그런 저에게 해방구가 되어 준 유일한 곳이 성당이었습니다. 학교에서는 힘없고 자신감 없는 아이였지만 성당에서는 달라질 수 있었습니다. 아무도 제 가정 상황을 묻지 않았고, 경제적 능력도 문제 삼지 않았기 때문이었습니다. 성당 친구들은 저를 있는 그대로 받아주었습니다. 그리고 참으로 감사한 일은, 그때 매우 수용적이고 청소년에게 관심이 많은 신부님과 수녀님이 계셨다는 점입니다. 친구의 초대로 평일미사에도 매일 참석하게 되었습니다.

눈 쌓인 새벽에 하얀 입김을 호호 뿜으며 걷던 성당 가는 길, 여름날의 새벽 공기는 또 얼마나 신선했는지. 가슴이 터질듯 들이마시면, 마치 성당까지 단숨에 날아갈 수 있을 것 같았습니다. 그 청량한 새벽의 시간들은 모든 부족함을 채워주는 소중한 치유의 시간이었습니다. 점점 더 많은 시간을 성당에서 보내게 되었고, 성체조배를 올리며 눈물을 흘리고 있을 때가 많았습니다.

성당에 혼자 앉아 참 많은 시간을 보냈습니다. 무슨 생각을 했었는지는 모르겠습니다. 다만 어느 날 본당 신부님이 당신 어머니의 장례를 마치고 오셔서 '이제야 성모님을 어머니라고 할 수 있을 것 같다.'고 하셨던 말씀이 자꾸 떠올랐습니다. 저도 제 어머니를 잃었지만 성모송을 바치며 어머니를 생각했습니다.

어쩌면 그렇게 수없이 반복한 묵주기도가 있었기에 사춘기를 무사히 통과할 수 있었는지도 모르겠습니다. 한 알 한 알 묵주 알을 굴릴 때마다 제 어머니와 성모 마리아의 사랑이 손끝으로 스며들어 어두운 유년의 터널에 빛이 되어 주었습니다.

* * *

　시간이 흘러 저는 사제가 되었고, 미처 의식하지 못했던 여러 가지 체험을 통해 청소년 사목으로 초대받았습니다. 이미 본능적인 징후들을 갖고 있었는데, 하느님께서는 그것을 보신 것 같았습니다. 예를 들어, 저는 한 아이가 홀로 있는 것을 보면, 그것을 견디지 못했습니다. 어떻게든 다가가 말을 걸고 무엇으로든 함께 할 수 있는 일에 초대했습니다. 아이가 무심코 내뱉는 한마디 말에서도 그 배경을 깊이 생각했고, 꺼내놓은 고민 한마디에도 제 마음은 온통 그 아이 생각으로 가득차고 말았습니다.

　그것은 제 의지나 노력으로 일어난 일이 아니었습니다. 그냥 제 마음이 그렇게 반응했습니다. 혼자 있거나, 말이 없거나, 무언가 문제를 갖고 있는 아이에게로 시선이 향했고, 본능적으로 마음이 그곳에 머물렀습니다. 그 아이들의 우울함에서 제 사춘기의 우울함을 보았고, 그 아이들의 고독함에서 제 사춘기의 고독을 발견했으며, 그들의 공허감에서 제 사춘기의 공허감을 느꼈던 것인지도 모릅니다. 그런 공감대가 있어서인지 저는 그들이 잘 드러내려 하지 않는 속마음을 남보다 더 빨리 읽어낼 수 있었습니다. 그런 반복적인 경험을 통해 저는 청소년 친구들에게 마음을 빼앗겼고, 차츰 어떻게 하면 그들을 도울 수 있을지에 대해 진지하게 궁리하고 고민하게 되었습니다.

새로운 본당에 부임할 때마다 아이들을 깊이 만나기 위한 방법을 고안했습니다. 청소년 친구들과 가깝게 대화하기 위해서는 아이들의 이름을 알아야 했지만, 주일이 되면 한꺼번에 많은 친구들이 몰려오기 때문에 쉽지가 않았습니다. 그래서 새 본당에 가게 되면 카메라를 준비해서 주일학교 선생님들에게 학년별로 학생들의 사진 촬영을 부탁하고, 인화된 사진에 한 사람씩 이름을 써서 책상에 붙였습니다. 그리고 청원기도를 하며 그 아이들을 한 명씩 기억했습니다.

"주님, 베드로를 축복하소서."

"주님, 마리아를 축복하소서."

그러나 사진만으로는 이름이 잘 외워지지 않았습니다. 어쩔 수 없이 주일 청소년 미사의 공지사항 시간에 공개적으로 부탁을 했습니다.

"얘들아, 신부님은 너희와 친해지고 싶은데 머리가 안 좋아서 이름을 외우기가 어렵구나. 그래서 부탁하는데 나를

청소년 사전

만나면 무조건 '신부님, 저는 비아예요. 제 별명은 복덩이예요.'라고 말해 줄래?"

그 후 청소년 친구들은 저를 만나면 뛰어와서 자기를 소개하곤 했습니다. 덕분에 한 달 안에 아이들 이름을 다 외울 수 있었습니다. 하지만 본당에서는 청소년 친구들을 오랜 시간에 걸쳐 만나고 충분한 우정을 쌓을 수가 없었습니다. 항상 다음 미사 집전과 고해성사를 위해 분주하게 뛰어다녀야 했기 때문입니다. 그러나 제가 할 수 있는 한 청소년들을 환대해 주고 싶었습니다.

청소년이 친밀감을 느끼게 되는 계기는 작은 스킨십들, 예를 들어 악수나 어깨를 살짝 두드려주는 행동이 자연스럽게 이루어질 때라는 것을 경험을 통해 알게 되었습니다. 그래서 미사 전에 한꺼번에 많은 친구를 만나면 한 명씩 눈을 맞추면서 "안녕?", "안녕?" 하고 인사를 하며 어깨를 두드려주는 가벼운 스킨십으로 친밀감을 쌓아나갔습니다.

그러던 어느 주일이었습니다. 여느 때와 마찬가지로 미사를 기다리는 주일학교 친구들이 삼삼오오 짝을 지어 성당 마당에 서 있었습니다. 그들에게 다가가서 어깨를 한 번씩 두드리면서 인사를 나누다 보니 오랜만에 성당에 나온 미카엘이 보였습니다. 미카엘은 고등학교 1학년이었습니다.

　그런데 전에는 없던 일이 일어났습니다. 반가운 마음에 다가가 "오랜만이다?"라며 어깨를 두드리려고 손을 뻗었는데, 그 순간 미카엘이 "됐어요." 하면서 제 손을 내치는 것입니다. 그 갑작스런 반응에 당황해서 "어, 그래." 하고 어색하게 대답한 후, 마음을 추스를 시간도 없이 곧 시작될 미사를 준비해야 했습니다.

　제의방에 가서 옷을 갈아입는 동안에도 마음이 매우 힘들었습니다. 미사에 집중하지 못했고 내내 미카엘을 의식하게 되었습니다. 강론 때에도 평소와 달리 말을 더듬거릴 정도였습니다.

　'왜 나를 거부했을까? 미카엘의 마음 안에 무엇이 있는 것일까? 무엇 때문이었을까?'

　궁금함이 커져갔지만 그 이유를 알 수 없었습니다. 몇몇 친구들이 평소와 다른 제 모습을 눈치 챈 것 같았습니다. 신부님이 왜 저렇게 힘이 없는지를 살피는 것이 보였습니다. 그래서 공지사항 시간이 되기를 기다렸다가 조심스럽게 이야기를 꺼냈습니다.

　"여러분, 나는 여러분의 친구가 되고 싶었어요. 친구라는 표시로 늘 어깨를 두드리고는 했지요. 그것은 우리가 친밀하고 친한 친구라는 나의 표현이었지요. 하지만 저와 친밀

　　　　　　　　청소년 사전

한 친구가 되기를 원하지 않으면 손을 내미세요. 그러면 악수만 할게요.”

제 말이 끝나자 청소년들이 수군거렸습니다. 미사를 마치고 퇴장할 때 제 어깨는 축 처져 있었습니다. 그러나 평소처럼 성당 문 앞에서 인사를 하기 위해 기다렸고, 청소년 친구들이 나오자 전처럼 어깨를 두드리지 않고 일부러 한 사람 한 사람과 악수를 했습니다. 그러면서 힘없이 “잘 가.”를 되풀이하였습니다.

그리고 저 뒤에서 미카엘이 줄을 서서 내게 다가오고 있는 것이 보였습니다. 가까이 다가왔을 때 악수를 하려고 손을 내미는데, 미카엘이 “신부님, 제 어깨 한 대만 쳐 주세요.”라고 말하는 것이 아닙니까! 그 순간, 모든 복잡한 감정에서 해방되었습니다.

미카엘의 사정을 알게 된 것은 나중의 일이었습니다. 구역 반장님을 통해, 미카엘의 아버지가 술을 마시면 종종 미카엘의 어머니와 미카엘을 폭행한다는 이야기를 들었습니다. 그제야 비로소 미카엘의 행동을 이해할 수 있었습니다.

폭력에 시달리는 아이가 자신도 모르게 표출했던 반사적인 거부감, 그 안에 곪아 있을 깊은 상처를 보았습니다. 미카엘의 행동에 제가 받았던 상처는 미카엘 가슴속의 상처에

비하면 아무것도 아니었습니다. 그 후, 저는 미카엘을 볼 때마다 그 상처를 치유하기 위해 따뜻한 시선과 작은 기도를 보내곤 했습니다.

* * *

지금까지 청소년 사목을 하면서 저는 10만 명 이상의 청소년들을 만났습니다. 그중에는 수많은 미카엘이 있었습니다. 그 친구들과 상처를 주고받으며 서로를 치유하는 동안 우리는 훌쩍 성장해 있었습니다.

되돌아보면 젊은 날의 저는 아무것도 모른 채 열정만 지닌 신부였습니다. 전문적인 지식도 부족했고, 그들을 도울 수 있는 재원과 재능도 부족했습니다. 그러나 저는 스스로 가장 중요한 한 가지를 갖고 있음을 알고 있었습니다. 바로 청소년을 위한, 청소년을 향한 마음이었습니다. 그것은 제 안에서 샘솟는 것이어서 어떤 가뭄이 다가와도 마를 수 없는 샘과 같았습니다. 그들을 위해 저를 바치고 싶은 마음, 그들을 돕고 구원하고 싶어 어쩔 줄 몰라 하는 열정에 가득 찬 마음이 나만의 재산이었습니다.

그것은 제 인생의 처음 13년 동안 넘치도록 사랑을 베풀어

주셨던 어머니에게서 배운 마음이었습니다. 아니, 하느님께
서 제 어머니를 통해서 저에게 가르쳐 주신 마음이었습니다.

또한 그것은 저에게 하나의 성사(聖事)처럼 거룩한 것이
었습니다. 바로 그 마음이 저를 20년이 넘는 세월 동안 계속
해서 사목자의 길로 이끌어 준 것이었습니다.

* * *

사제의 삶에 필수적인 시련들을 무사히 넘기고 저는 다시
사목의 장으로 돌아왔습니다. 20여 년 전에 설립한 〈햇살
청소년사목 센터〉의 일도 활기차게 진행되고 있고, 청소년
사목자를 전문적으로 양성하기 위해 마련한 '청소년·청년
사목자 및 활성가 양성 연수'도 10년이 넘게 이어오면서 많
은 사제와 수도자, 일반 사목자 사이에 호응을 얻고 있습니
다. 아이들에게 친숙한 '고길동 신부'라는 상담 캐릭터를 내
세워 발행하고 있는 청소년 쪽지인 〈청소년의 햇살〉과 학부
모 상담전화는 수많은 봉사자들과 후원자들의 도움으로 희
망의 메시지를 계속 전파하고 있습니다.

매달 한 차례씩 'Taize 노래와 함께하는 청소년·청년기
도 모임'을 열어, 청소년들이 십자가 앞에서 마음을 다해 기

도하고 자신의 이야기를 나눌 수 있는 시간을 마련하기 시
작한 것도 벌써 오래 전의 일이 되었습니다.

그러나 그 어떤 원대한 계획도 결국은 한 명, 한 명의 미
카엘을 위한 일일 뿐입니다. 지금도 저는 버스나 전철에서
우두커니 창밖을 바라보고 있는 청소년 친구들을 만나면 '저
친구는 무엇을 힘들어할까?' 하고 본능적으로 마음이 기웁
니다.

제 삶의 어둠과 아픔을 통해, 그리고 어머니의 짧았지만
특별했던 사랑을 통해서, 하느님께서는 청소년 세대를 구원
하라는 사명의 불을 제 마음에 지피신 것 같습니다.

* * *

남들보다 일찍 부모님을 데려가신 것이 제게 부정적인 사
건이었을까요? 그 상실이 너무나 아픈 것이었기에 저는 지
금도 섣불리 대답할 수 없습니다. 하지만 확고한 대답 하나
를 가지고 있습니다.

그 사건이 제게 부정적이었든 긍정적이었든 하느님께서
하시는 일에는 이유가 있다는 사실입니다. 인간의 기쁨과
희망, 슬픔과 번민을 통해 그분이 하시는 새로운 일들을 목

　　　청소년 사전 ＿＿＿＿＿＿

격할 때마다 저는 경이와 환희를 느낍니다.

어느덧 어른이 된 미카엘이 얼마 전에 결혼을 해서 아이를 낳았다는 소식을 들었습니다. 저는 그가 훌륭한 아빠가 되었을 것이라고 굳게 믿습니다. 저의 유년, 미카엘의 유년에 있었던 아픔은 저를 '청소년을 사랑하는 사제'로, 그를 '따뜻한 아버지'로 만들었습니다.

그 놀라운 변화에는 하느님의 사랑이 있었습니다. 하느님의 사랑은 제 어머니를 통해서 제게로 왔고, 저를 통해서 미카엘에게로 갔으며, 미카엘을 통해서 그의 자녀들에게 전해지고 있는 것입니다.

사랑받은 적이 있다면, 사랑하고 있다면, 반드시 그 사랑이 넘쳐흐르게 하십시오. 사랑은 언제나 샘과 같은 것입니다.

청소년 사전

글·그림 조재연

1판 1쇄 발행 2012년 3월 13일
1판 3쇄 발행 2018년 11월 20일

발행인 신혜경
발행처 마음의숲

대표 권대웅
주간 이효선
편집 송희영
디자인 임정현
마케팅 노근수 허경아
인쇄·제본 (주)상지사P&B

출판등록 2006년 8월 1일(제2006-000159호)
주소 서울시 마포구 동교로 144-13(서교동 463-32, 2층)
전화 (02) 322-3164~5 | **팩스** (02) 322-3166
페이스북 facebook.com/maumsup
ISBN 978-89-92783-58-3 (13300)

마음의숲에서 단행본 원고를 기다립니다.
따뜻하고 생동감 넘치는 여러분의 글을 maumsup@naver.com으로 보내주세요.